논어, 생생하게 읽기

공자와 그 제자들이 만드는 드라마

논어, 생생하게 읽기
공자와 그 제자들이 만드는 드라마

지은이 이응구

드라마의 기원은 고대 희랍의 비극에서 시작한다. 서사시와 더불어 비극은 희랍 신화를 바탕으로 하며 유럽인들 정신세계의 수원水原 과 같은 역할을 한다. 괴테의 소설에서 베아트리체는 호메로스의 서사시를 항상 들고 다니고, 제임스 조이스의 『율리시스』는 오뒷세이아를 반복하였다. 데카르트는 자신의 성찰에서 사이렌과 키메라를 호출하며, 칸트는 형이상학을 트로이 비운의 왕비인 헤카베에 비유하며 이성비판을 시작한다. 프로이트는 아예 자신의 중요 이론에 오이디푸스라는 비극의 주인공 이름을 붙였다. 이외에도 수많은 근대 유럽 사상가들이 자신들의 저술에서 비극과 서사시의 주요 인물과 이야기를 소환한다. 약간 과장한다면 최근 수백 년의 세계사는 근대 유럽의 사상, 문화, 제도에 의해 지배된 역사이다. 그 과정을 통해 고대 희랍의 문화와 사상도 세계로 전파되었다.

유럽인들의 서사시와 비극에 해당하는 문화가 희랍에만 있었던 것은 아니다. 지역마다 존재했던 모든 문명에는 저마다의 신화와 독특한 문화가 있었다. 그러나 근대 유럽인들만큼 끊임없이 고대를 불러내며 재해석하는 자들은 없다. 또한 근대 유럽인들처럼 고대를 재해석한 문명을 전 세계에 퍼뜨린 자들도 없다. 고대 희랍문명이 현재 유럽인들의 세계 지배와 필연적 관계를 가지는지 아니면 우연적인 것인지 판단하는 것은 필자의 능력 밖이다. 그것을 판단하는 것이 의미 있는지도 의문이다. 다만 그 경로를 되짚어 보는 것은 현재의 우리를 반성하고 미래를 설계하는 데 도움이 될 것이다.

고대 희랍문명은 헬레니즘 시기를 거쳐 고대 로마를 통해 유럽 전역으로 퍼져나갔다. 제정로마로 접어든 후에는 유대문명과 결합해 기독교문명이 탄생했고, 이 문명이 천 년이 넘는 기간 동안 유럽을 지배했다. 많은 사람이 '암흑시대'라고 표현하는, 상대적으로 정체되어 있던 이 시기 동안 새로운 미래를 위한 작은 씨앗들이 땅속에서 싹을 틔울 준비를 하고 있었다. 그리고 그 씨앗은 '르네상스'라는 이름으로 싹을 틔웠다. 이 싹은 곧 근대 유럽 문명이라는 찬란한 꽃을 피워 전 세계로 뻗어 나간다.

'르네상스(renaissance)'는 다시(re) 태어남(naissance)이라는 뜻이다. 이 단어는 과거와 미래가 겹쳐진 현재를 표현한다. '다시(re)'는 과거의 반복을 말하는 것이고 '태어남(naissance)'은 새로운 미래의 탄생을 말한다. 당시 유럽을 지배하고 있던 보편적이고 단일한 기독교문명은 새로움을 추구하려는 자들에게 억압으로 느껴졌다. 그들은 그 억압을 넘어서기 위해 기독교문명 이전의 더 오래된 과거를 다시 소환했다. 소환된 과거는 단순히 반복되지 않았다. 단순한 반복으로는 새롭게 태어날 수가 없기 때문이다. 같은 단어도 맥락이 다른 문장에서는 다른 의미를 드러내듯이 소환된 과거라는 맥락에서 다르게 해석되었다. 이제 르네상스인들이 해석한 고대 희랍문명은 더 이상 과거가 아니라 '다시(re)' '태어난(naissance)' 현재가 되면서 새로운 미래를 열 단초가 된다.

근대 유럽인들은 르네상스인들의 유산을 그대로 이어받았다. 이어받은 정도가 아니라 유산을 더욱더 늘려나갔다. 고대 희랍문명뿐 아니라 르네상스인들이 버리려 했던 기독교문명까지 '다시(re)' 해석했다. 근대 유럽인들에 의해 재해석된 기독교는 더 이상 인류를 억압하는 과거의 유물이 아니라 새로운 미래를 상상하는 '새로운' 사상으로 재해석된다. 고대 희랍의 기하학과 로고스는 과학기술문명으로, 신화와 기독교문명은 보이지 않는 영역에 관한 형이상학적 탐구로 재탄생한다. 근대 유럽문명이 세계를 지배할 수 있었던 힘은 이렇게 과거와 미래를 현재에 재현하는 재해석의 힘이었다고 하면 너무 과한 해석일까?

이제 우리가 사는 이곳으로 시선을 돌려보자. 우리에게는 이런 재해석의 전통이 없을까? 다시 소환함으로써 새롭게 태어날 수 있는 과거는 없을까? 고대 희랍과 비슷한 시기에 중국은 춘추전국시대였다. 과거의 가치관이 무너지고 오랫동안 세계를 지탱해왔던 봉건 질서가 흔들리던 시기에 새로운 미래를 개척하려는 많은 사상이 탄생했다. 후대인들은 이 시대에 탄생한 여러 이론을 제자백가諸子百家라 부르며 그중에 중요한 사상들을 기록으로 남겼다.

제자백가 중에서 르네상스와 연관해서 필자가 주목하는 사상은 '유가儒家'이다. 시대의 격변기에 탄생한 많은 사상 대부분은 과거와 결별하고 새로운 주장을 펴기 마련이다. 그런데 유가는 과거의 재해석을 통해 미래를 열려는 사상이다. 옛것을 익혀 새로움을 알고[1], 모방學과 반복習을 통해 현재를 극복하고 새로움을 창조해 나간다. 공자는 그런 유가의 전형典型이다. 새로운 것을 창작하지 않고 과거의 것을 전술傳述한다는 그의 표현은 이를 잘 보여준다.[2] 그는 무너져가는 과거의 가치관 '도道'와 붕괴되어 가는 예전의 질서 '예禮'를 재해석하면서 새로운 미래의 길을 열려고 했다. 그가 꿈꾸던 세상은 과거의 반복도 아니고 완전히 새로운 것도 아닌 '오래된 미래'였다.

오랜 시간 동안 이런 공자의 모습은 잊혀져왔다. '모든 것을 알고 오류를 범하지 않는' 완벽한 인격체인 성인聖人의 모습이 그가 죽고 난 후 후계자들이 만들어놓은 그의 상象이다. 과거를 재해석하면서 미래를 열려 했던 공자가 후대인들에 의해 '고정된 과거'가 된 것이다. 생생하게 살아 있는 공자의 언행을 기록한 『논어』도 시공간을 초월한 '절대적 진리'를 기록한 아포리즘의 모음집으로 읽히게 된다.

부러진 팔을 고정하기 위해 붙여 놓은 석고 붕대를 깨면 살아 움직이는 팔이 드러나듯이 후대 유학자들이 만들어 왔던 고정된 상을 깨면 그 안에 살아 숨 쉬는 공자가 있다. 공자는 누구보다 생생하게 희로애락喜怒哀樂의 정서를 드러내며 자신의 이상을 세상에 펼치기 위해 끊임없이 노력하며 살았던 한 사람이다. 그는 새로운 세상을 건설하기 위해 노력하는 정치인이면서 제자의 성장을 흐뭇하게 바라보는 스승이며 사랑하는 아들을 먼저 보내는 고통을 감내한 아비이기도 하다. 『논어』는 공자가 그 과정에서 보여준 언행을 가장 생생히 기록한 책이다. 공자의 고정된 상을 깨면 박제된 기록물로 여겨졌던 『논어』의 글도 살아 숨 쉬게 된다.

　『논어』에서 가장 많은 비중을 차지하는 것은 제자들을 비롯한 많은 사람들과 나눈 공자의 대화이다. 이 대화를 통해 우리는 더욱 생생한 공자를 만날 수 있다. 공자는 누구에게나 적용되는 '보편적 진리'를 성인聖人의 목소리로 전달하지 않는다. 그는 대화를 나누는 대상에 따라 때로는 충고하고, 꾸짖고, 화를 내며 심지어는 비꼬기까지 한다. 어떤 주어진 상황에서 등장인물들이 나누는 대화가 드라마를 이루는 중요한 구성 요소라면 『논어』에는 우리가 발견해 주기를 기다리는 수많은 드라마가 숨어 있다.

　공자의 대화에 숨어있는 드라마를 발견하기 위해서는 하나의 장애물을 넘어야 한다. 『논어』를 편집한 자들은 수천 년 뒤 대한민국 사람들이 읽을 것을 고려하지 않았다. 우리가 같은 시공간에 있으면서 경험을 공유하는 동시대인들에게 무언가를 설명할 때, 함께 공유하고 있는 기초적인 배경 지식을 설명할 필요는 없다. 『논어』의 기록자들도 마찬가지이다. 그들은 자신들과 같은 시공간에서 같은 경험을 공유하고 있는, 자신들의 동시대인들을 위해 기록을 남겼다. 수천 년 뒤의 다른 문화와 역사를 가진 우리에게는 낯선 등장인물과 상황도 그 시대 사람들에게는 널리 알려져 있는 정보였다. 그래서 『논어』에 있는 드라마를 읽기 위해서는 그 시대의 역사와 상황, 그리고 등장인물에 대한 어느 정도의 정보가 필요하다. 일정한 배경 지식을 바탕으로 그들이 나누는 대화를 읽다 보면 생생하게 살아 숨 쉬는 드라마가 책 바깥으로 튀어나온다. 그런 드라마를 읽다 보면 공자뿐만 아니라 공자와 대화를 나누는 사람들도 나와 별반 다를 바 없이 기쁜 일에 기뻐하고 슬픈 일에 슬퍼하는 보편적 인간임을 느끼게 된다. 그리고 그들이 무도無道 한 세상을 살아가면서 그런 세상을 바로잡기 위해 노력하는 분투 과정에서 벌이는 행동과 감정에 공감하게 된다.

필자는 근대 유럽의 씨앗이 된 르네상스인들의 '다시 읽기'를 모방하려 한다. 그 다시 읽기의 대상으로 처음 선택한 것이 공자와 『논어』이다. 이미 공자는 르네상스인들보다 먼저 자신의 당대에서 과거의 '다시 읽기'를 시도한 사람이다. 비록 당시에는 그의 정치적 삶이 실패했다고 평가되지만 그의 시도는 시공간을 뛰어넘어 다시 '반복'될 수 있다. 그 작은 시도가 『논어』의 '다시 읽기'를 통해 그 안에 담겨 있는 드라마를 재해석하는 것이다. 필자는 수많은 후대 유학자들이 남긴 주석이나 해석에만 의지하지 않았다. 본문을 반복해서 읽으면서 누군가 발견해주기를 기다리며 오랜 세월 동안 땅속에 감추어진 보석처럼 대화 안에 숨어 있던 드라마를 발견했다. 이는 필자 혼자 즐기기에는 너무 아까운 보물이다. 이 책은 보다 많은 사람들과 이 보물을 나누기 위한 노력의 결과물이다.

고대 중국의 역사와 인물에 익숙하지 않은 독자들을 위해 각각의 드라마를 이해하기에 꼭 필요한 인물과 상황에 대한 배경 지식을 상세히 설명했다. 아직 보물찾기에 익숙하지 않은 독자들은 먼저 필자가 발견한 보물을 함께 즐기기 바란다. 하지만 필자가 모든 보물을 다 캐내지는 않았다. 아니, 그럴 수도 없었다. 『논어』에는 아직 숨어 있는 보물이 무궁무진하다. 이 책을 통해 '다시 읽기'와 '재해석'이라는 보물찾기를 어느 정도 경험했다면 본인만의 '다시 읽기'와

'재해석'을 통해 새로운 드라마를 찾아보기 바란다.

　본문에 들어가기 전에 몇 가지 일러둘 말이 있다.

　먼저, 본문에 인용한 구절은 뒤에 원문을 넣었다. 원문에는 현토懸吐가 달려 있다. 현토는 우리 조상들이 원문을 해석하면서 남겨 놓은 길잡이이다. 길이 익숙하지 않을 때는 먼저 앞서간 길잡이를 따라가는 것이 좋지만, 익숙해지면 현토의 해석에만 의지하지 말고 스스로 길을 찾아가는 것도 권해본다.

　이미 소개되었더라도 필요하면 원문과 뜻을 반복해서 싣기도 했다. 『논어』의 각 편은 그 자체만으로 뜻을 가지는 것이 아니라 전후 맥락이 생략된 표현들이다. 그러니 다양한 맥락 속에서 새로운 해석으로 재탄생할 수 있다. 여러 곳에 반복해서 등장하는 인용을 통해 그런 재해석을 연습해 볼 수 있기를 기대한다.

　한자에 익숙하지 않은 독자를 위해 원문의 번역은 필요한 경우 의역을 하였다. 이럴 경우 원문 자체가 가지고 있는 뜻이 왜곡되거나 훼손될 우려가 있음을 알고 있다. 만일 여러 번 원문을 읽어 익숙한 독자의 경우 의역으로 인한 오역의 가능성을 널리 양해해 주길 바란다.

2021년 3월
이웅구

차례

1장

공자의 영원한 동반자, 자로(子路)

『논어』와 비슷한 시기에 고대 희랍에서 쓰인 플라톤의 『대화편』에 등장하는 대부분의 인물은 주인공인 소크라테스의 주장을 드러내게 하는 보조역할만 한다. 반면에 『논어』에 등장하여 공자와 대화를 나누는 인물들은 공자의 '가르침'을 돋보이게 하는 조연 역할 외에도 각자가 생생하게 살아 있는 개성 넘치는 인물로 그려지고 있다. 공자가 유일하게 '인仁하며 호학好學하는 자'라고 인정한 안연顔淵, 재화를 모으는 데 탁월한 재주를 가지고 있어 공자 학단學團의 재정에 많은 도움을 주었으며 항상 핵심을 찌르는 질문으로 후대의 우리에게까지 공자의 사상을 이해할 수 있도록 도와준 자공子貢, 공자에게 임금 노릇을 맡을 만하다는 극찬을 받은 중궁仲弓, 정사의 재능은 인정받았으나 상관을 잘 보필하지 못함으로 인해 공자에게 파문까지 당하는 염유冉有, 삼년상을 두고 공자와 논쟁을 벌이기도 하는 재아宰我, 우둔해 보이기는 하지만 솔직한 질문으로 우리네 평범한 이들도 들을 수 있는 공자의 말을 끌어내는 운전기사 번지樊遲 등등.

이렇게 여러 제자 중에서도 『논어』에 가장 많이 등장하는 인물이 자로子路이다. 그는 공자와 가장 오랜 시간을 함께 하면서 말 그대로 생사와 고락을 나누었다. 성격이 불같아서 때로 공자에게 반항하는 자로와 그런 성격의 자로를 항상 걱정하지만 겉으로는 질책만 하는 공자. 그런 반항과 질책에 묻어있는 서로에 대한 깊은 신뢰와 애정. 공자와 자로가 나눈 대화에서 우리는 이런 생생한 드라마를 읽을 수 있다.

유협(遊俠)의 원조

　공자와 자로의 첫 만남은 예사롭지 않다. 자로가 처음 공자를 찾아간 이유는 좋은 뜻이 있어서가 아니었다. 혼란한 시기에는 자신의 지식을 뽐내며 혹세무민惑世誣民하는 자들이 있기 마련인데, 자로는 이렇게 현자입네 하고 잘난 체하는 지식인들이 싫어서 그런 자들을 찾아가 완력으로 혼을 내주며 다녔다. 그는 공자도 그런 부류 중 하나라 생각하고 힘으로라도 그 위선을 벗겨줄 요량으로 공자를 찾아간 것이다. 하지만 자로는 첫 만남에서 공자의 언행에 감복하여 그 자리에서 바로 제자의 예를 취하고 공자를 평생의 스승으로 모시게 된다.

　공자는 제자들의 평소 모습을 묘사할 때 자로가 강하고 용감하며, 항상 행동이 앞서며 거칠다고 했다. 그런 성격 때문에 제명에 못 죽을 것이라 예상했는데 그 예상은 안타깝게도 맞아떨어진다. 이런 자로의 개성을 가장 잘 묘사했다고 볼 수 있는 구절을 살펴보자.

　　자로는 좋은 말을 듣고 아직 그것을 실천하지 못했으면 행여 다른 말을 들을까 두려워하였다.

　사마천은 『사기』의 「유협열전」에서 유협을 다음과 같이 묘사한다. '그 행위가 비록 정의에 부합되지는 않아도 그들의 말에 믿음이 있고 행동은 과감하며, 한 번 승낙한 일은 반드시 성의를 다해 실천하고 자기 몸을 아끼지 않고 남에게 닥친 위급함 속으로 뛰어든다. 그들은 생사와 존망을 돌아보지 않으면서도 자신의 능력을 뽐내지 않고, 그 덕을 자랑하는 것을 수치로 여겼다.'³ 말과 행동을 일치하려는 의지를 가지고 있지만 조금은 융통성이 없어 보이는 자로의 모습은 사마천이 묘사한 유협에 맞아떨어진다.

평생 용맹이 최고의 덕목이라 여기면서 살아온 자로는 공자에게 '군자는 용勇을 숭상해야 하지 않겠느냐?'고 묻는다. 이에 공자는 용맹이 최고의 덕목이 아니라 의로움義이 최고의 덕목이라고 가르친다. 의롭지 않은 용맹은 나라를 혼란에 빠뜨리거나 도둑질의 도구로 쓰일 수밖에 없다는 것이다.⁴ 이런 공자의 가르침이 자로에게는 '문聞' 곧 좋은 말이다. 자로에게 올바른 삶의 지표가 될 만한 이런 가르침은 지식이 아니라 삶의 지침이다. '말을 들음有聞'에 그치지 않고 '삶에 실천能行'했을 때에야 그 가르침은 온전히 나의 것이 된다.

자로는 공자에게 어떤 가르침을 들었고 어떤 삶을 실천하며 살았을까?

공자와 자로의 애증

사랑과 미움은 동전의 양면이라고 한다. 누군가를 사랑해 본 적이 있는 사람은 대부분 그런 경험을 해봤을 것이다. 공자와 자로의 대화를 가만히 들여다보면 오랜 세월 동안 함께 살아온 부부의 다툼이 떠오른다. 서로를 잘 알고 아끼기에 실수나 잘못을 하면 쉽게 쓴소리를 한다. 하지만 다른 사람이 내가 사랑하는 사람에 대해 좋지 않은 소리를 하면 그건 참을 수 없다.

먼저 세상에 도가 행해지지 않음을 한탄하는 공자의 탄식을 들어보자.

공자가 말하였다. "도가 행해지지 않는구나. 이런 무도한 세상을 떠나 뗏목을 타고 바다로 나아가고 싶다. 이런 나를 따라올 사람은 아마도 由(자로)일 것이다." 자로가 이 말을 듣고 기뻐하자, 공자는 "由(자로)는 용맹을 좋아함이 나보다 낫지만 어디 쓸 만한 곳이 없다."고 하였다.

무도無道한 세상에 대한 탄식과 함께 공자는 이 세상을 피해서 뗏목을 타고 망망대해를 떠다니고 싶은 심정을 이야기한다. 그 길이 쉬운 길일 수는 없다. 아무리 외로운 고난의 길이라도 자로는 그 길을 함께 선뜻 따라나설 것이라고 공자는 기대한다. 이 얼마나 깊은 신뢰의 표현인가! 자로는 그 이야기를 전해 듣고 기뻐한다홈. 여기서 잠깐 상상력을 발휘해보자. 공자가 자로가 함께 있는 자리에서 이런 이야기를 했을까? 아마 그렇지는 않았을 것이다. 다른 제자들과 있는 자리에서 무심결에 내뱉었을 것이고, 그 이야기를 들은 누군가가 자로에게 귀띔을 해주었을 터이다. 아무리 오랫동안 함께 살아오며 예전의 감정이 갈무리 된 부부간에도 저 사람이 나를 사랑하고 있다는 말을 전해 듣는다면 기쁘지 않을 도리가 없다. 공자의 깊은 신뢰를 전해들은 자로는 기쁨을 감추지 못했다.

그런데 자로가 자신의 마음을 알고 좋아한 것을 알게 된 공자는 그냥 넘어가지 않는다. 공자는 자신의 본심을 들킨 것이 머쓱했던지 언제 그를 칭찬했냐는 듯이 자로가 용감하기만 하고 다른 곳에는 쓸모가 없다고 이야기한다. 이런 공자의 태도는 계속된다.

공자가 안연에게 이야기하였다. "쓰임이 있으면 나아가서 배운 바를 실천하고, 쓰임이 다하면 머물러 배움을 계속해 나갈 수 있는 자는 나와 안연 너뿐이구나." 이 말을 듣고 자로가 말하였다. "선생님께서 삼군을 통솔하시게 되면 누구와 함께하시겠습니까?" 공자가 대답하였다. "맨손으로 호랑이를 잡으려 하고 맨몸으로 강을 건너며 그러다 죽어도 후회하지 않는 자와는 함께 하지 않을 것이다. 반드시 맡은 임무를 두려워하며 신중하게 계획을 세워서 일을 성사시키는 자와 함께 할 것이다."

안연은 공자가 진정 사랑하는 제자이다. 『논어』 전편에 걸쳐 안연에 대한 공자의 묘사는 극찬뿐이다. 공자는 안연이 자신의 후계자가 되기를 바랐고 또 그리되기를 믿어 의심치 않았으나 안연은 젊은 나이에 목숨을 잃어 공자에게 큰 슬픔을 안긴다. 이른 나이에 죽음을 맞이해 함께 한 시간이 상대적으로 적어서 그런지 안연과 공자의 대화에는 농담이나 질책이 끼어들 자리가 없이 진지하기만 하다. 그래서 재미가 덜하다. 공자와 안연의 관계는 뒷장에서 살펴보도록 하자.

이 구절에서도 공자의 안연에 대한 편애(?)는 여실히 드러난다. '용지즉행 사지즉장用之則行 舍之則藏'은 맹자를 거쳐 조선에까지 이어져 온, 선비가 갖추어야 할 유학의 중요한 덕목이자 행동이다. 나를 쓰거나 버리는 주체는 내가 아니라 타자이다. 나는 타자의 선택으로 주어진 상황에서 그에 맞는 행동을 선택할 뿐이다. 내가 행함과 숨음을 미리 선택하는 것이 아니라 타자의 선택에 내 몸을 맡기는 수동성, 어쩌면 이런 철저한 수동의 극한에서 주체의 능동이 나오는 것은 아닐까? 마치 파도를 거스르지 않고 그 흐름에 몸을 맡기는 것처럼 내가 선택할 수 없는 영역에 내 몸을 온전히 맡김으로써 그 안에서 자유롭게 노닐 수 있는 경지.

이런 경지에 이를 수 있는 사람은 나와 안연밖에 없을 것이라는 공자의 이야기는 자로를 질투하게 만들었을 것이다. 이런 대화들을 보면 공자도 참 짓궂다. 그러나 자로가 어떤 사람인가? 이런 말에 삐지거나 질투의 감정을 드러내는 사람이 아니다. 좋다. 안연이야 워낙 훌륭한 자이니 그렇다 치자. 하지만 안연이 따라오지 못할 만큼 내가 더 잘하는 것이 있다. 그것은 용勇에 바탕을 둔, 군사를 다루는 일이다. 자로는 이렇게 생각하여 공자에게 만일 군사령관이 된다면 누구와 함께 전쟁에 임할 것인지 자신 있게 물었다. 자로는 공자가 웃으면서 '당연히 자로 너 아니겠느냐?'라고 하길 기대했겠으나 공자의 대답은 기대에 완전히 어긋난다.

자로는 죽음도 불사하고 맨손으로 호랑이와 맞서거나 살얼음판도 거침없이 건너는 자이다. 그런데 공자는 그런 자와는 군사의 일을 함께하지 않겠다고 한다. 물론 군대의 지휘관이라면 용맹함보다 신중함을 보여야 한다는 공자의 말은 옳다. 무지한 지휘관은 적군보다 무섭다고 하지 않는가? 그러나 공자의 눈에는 자로가 용맹만을 앞세우는 철부지로 보였을지 몰라도 당시 많은 이들이 자로의 정치, 군사적 자질을 인정하고 있었다. 사실 공자 또한 자신의 제자들을 평가하면서 정치와 군사에는 자로와 염유가 뛰어나다고 꼽을 정도였다. 그런데도 꼭 이런 상황에서 면박을 줘야 했는지는 의문이다. 자로가 의기양양한 꼴을 못 보나 보다.

군사의 일에 임하는 공자의 가르침은 곱씹어볼 만하다. 돌다리도 두드려보고 건너듯이 맡은 임무를 잘 수행할 수 있을지 항상 두려워하고 여러 일을 도모할 수 있는 이와 함께 하겠다는 공자의 말은 공직자라면 새겨들어야 할 말이다. 보통은 자신의 능력보다 높은 지위를 얻거나 임무를 맡게 되면 운이 좋다고 기뻐한다. 하지만 이는 두려워할 일이다. 내 사적인 일에서 실수한다면 나의 손해로 그칠 일이지만 높은 지위에 올라갈수록 나의 실수는 많은 사람들의 손해를 유발한다. 현대 사회에서는 공직자의 역할이 과거처럼 군사를 다루는 일에만 집중되어 있지 않다. 하지만 공공의 일을 맡은 사람의 역할은 공동체의 운명을 좌우한다는 면에서 전쟁을 다루는 일과 비슷하다. 그러니 불같은 용맹함으로 어떤 난관도 뚫고 나아가려는 의지로 충만하여도 때에 따라 멈출 줄도 알고 맡은 일에 신중하게 임해야 한다는 공자의 가르침은 자로에게만 국한되지 않을 것이다.

아래 구절에서는 다른 어떤 사례보다 자로에 대한 공자의 애증이 확연히 드러난다.

> 공자가 말하였다. "자로는 하필이면 내 집 문에서 비파를 연주하는가?" 이 말을 들은 문인들이 자로를 공경하지 않자 공자가 말하였다. "유(자로)는 이미 승당을 했고 아직 입실하지 못했을 뿐이다."

공자는 시詩 공부를 아주 중요하게 생각했나. 『시경詩經』으로 전해지는 중국 고대의 시는 고대 희랍의 서사시나 비극과 같은 노랫말이다. 우리에게는 가사만 전해지지만 고대의 시도 요즘의 노래처럼 가락과 더불어 희로애락을 표현했다. 공자는 시詩를 한마디로 '사특한 마음이 없는 생각'으로 표현했고[5] 시詩를 통해 인간의 정서를 북돋는 것을 공부의 처음으로 생각했다.[6] 그는 어쩌다 마주친 자식에게 먼저 시를 공부해야 한다고 충고를 할 정도로 시 공부를 중요하게 여겼다. 공자는 제자들과 대화를 하거나 공부를 하거나 휴식을 취할 때도 항상 시詩와 함께했다. 그러니 공자의 제자라면 악기연주는 기본으로 해야 하지 않았을까?

그런데 자로는 뛰어난 연주자는 아니었나 보다. 아니, 오히려 연주가 서툴렀나 보다. 자로의 연주를 들은 공자는 바로 면박을 준다. '그 정도 실력을 가지고 왜 여기 와서 연주를 하느냐?' 그 말을 들은 문인들이 자로에게 불경한 태도를 보인다. 문인門人이면 공자의 다른 제자들일 터인데 자로는 그 제자들 중에서 서열이 높은 축에 속했다. 그런데 햇병아리 같은 어린 제자들 앞에서 이런 면박을 주다니, 아무리 가까운 사이라도 이건 좀 너무하다. 공자가 이리 대하니 다른 제자들은 아무리 선배라 해도 자로에게 존경하는 태도를 보이지 않았을 것이다. 그런 모습을 본 공자는 아차 싶었는지도 모른다. 공자는 자로에게 불경한 태도를 보이는 제자들에게 자로가 아직 '입실入室'의 경지에 이르지는 못했지만 그들에게는 까마득히 높은 '승당升堂'의 경지에 올랐다고 선언한다.

말년에 공자 제자의 수가 3000여 명에 이르렀다고 하니 그 제자들 모두에게 공자가 직접 가르침을 주지는 않았을 것이다. 제자들 중에는 제자의 제자도 있었을 것이고, 그 제자의 제자도 있었을 것이다. 그 중에서도 어느 정도 학문 성취를 이룬 제자여야 먼발치에

서나마 공자의 이야기를 들을 수 있었을 것이다. 방에 들어간다는 뜻인 입실入室과 마루에 오른다는 뜻인 승당升堂은 비유적인 표현이기도 하지만 실제 수업을 할 때에도 그리 진행했을 가능성이 크다. 공자는 높은 수준에 올라 서로 논쟁을 하고 의견을 나눌 수 있는 제자들과는 함께 방에서 대화를 나누었을 것이다. 당堂은 한옥의 대청마루에 해당되는 장소인데, 방 안보다는 상대적으로 많은 사람들이 앉아 공부를 할 수 있는 곳이다. 승당을 한 자로에 비하면 그런 자로를 비웃은 문인들은 마루에 올라오기는커녕 마당에도 들어오지 못한 자들이다.

이런 이야기를 들은 자로는 어떤 심정이었을까? 항상 나만 면박 준다고 심통을 부렸을까, 아니면 그래도 나를 알아주는 이는 스승님밖에 없다고 속웃음을 지었을까?

자로의 맹목적 사랑

공자의 병이 깊어지자 자로가 기도할 것을 청하였다. 공자가 "그런 식의 기도가 있느냐?"하고 묻자, 자로가 대답하였다. "있습니다. 뇌문에서 말하기를 '위 아래로 하늘과 땅의 신에게 기도를 드린다'고 하였습니다." 그 말을 듣고 공자가 "그런 기도라면 나는 이미 오래전부터 하였다."라고 말하였다.

공사와 자로는 일곱 살 차이가 난다. 젊었을 때야 일곱 살의 나이 차이가 작지 않지만 나이가 들면서는 상황에 따라 친구처럼 지낼 수도 있을 정도의 나이 차이다. 우리의 조상 중에서 오랜 우정을 상징하는 오성과 한음도 나이 차이가 다섯 살이다. 인용한 대화는 말년에 이르러 공자가 큰 병에 걸린 때에 이루어졌다. 노년에 접어들어서 공자와 자로는 스승과 제자 사이를 넘어 오랜 세월을 함께 지낸 동지이자 친구 같은 사이였을 것이다.

자로는 그런 공자가 혹시라도 못 일어날까 안절부절못하며 하늘에 기도를 올리기를 청한다. 요즘 말로 한다면 병이 회복되기를 바라는 굿이라도 하자는 말이 아니었을까 싶다. 이런 자로의 청에 공자는 그런 기도가 있었는지 묻는다. 하늘에 대고 자신의 병을 낫게 해달라고 하는, 자식을 대학에 보내달라고 하는, 부자가 되게 해달라는, 다른 팀과의 시합에서 우리 팀이 이기게 해달라는 그런 기도가 있는지 물어보는 것이다. 스승이 조금이라도 회복할 가능성이 있다면 지푸라기라도 잡고 싶은 자로는 뢰誄라는 문헌을 '단장취의斷章取義'하여 그런 기도가 있다고 우긴다. 하지만 공자에게 뢰誄에서 묘사한 하늘에 대한 기도란 그런 것이 아니다. 공자의 기도가 구체적으로 어떤 기도인지 우리는 알 수가 없다. 천지자연 이치 앞에서의 겸허함인지, 인간으로서 알 수 없는 거대한 운명의 수레바퀴 앞에서의 겸손함인지, 어떤 기도이든 공자는 하늘과 땅에 오랫동안 기도하며 살아왔다.

곱씹어 읽을수록 억지로 우겨서라도 스승에게 기도를 청하는 모습에서 스승에 대한 자로의 사랑이 느껴진다.

공자의 병이 깊어지자, 자로가 문인들을 가신으로 삼았다. 공자의 병에 차도가 있은 후에 공자가 자로에게 말하였다. "자로는 항

상 거짓을 행하는구나! 나는 가신이 없는데 가신을 두었으니, 내
누구를 속였는가? 하늘을 속였구나! 또 내가 가신의 손에서 죽기
보다는 차라리 너희들 손에서 죽는 것이 낫지 않겠느냐? 또 내가
비록 큰 장례는 얻지 못한다 하더라도 설마 길거리에서 죽겠느냐?"

이 역시 공자가 병이 깊은 상황에서 일어난 일이다. 죽음의 문턱
을 왔다 갔다 하는 공자를 보며 자로는 마냥 슬퍼할 수 만은 없었다.
스승의 장례를 준비하는 것도 가까운 제자로서 해야 할 일이다. 자
로는 장례를 준비하면서 다른 제자들에게 가신家臣의 역할을 맡겼
다. 사랑하는 스승의 죽음이니 장례를 얼마나 성대히 치러주고 싶
었겠는가? 그런데 엄밀히 따지자면 이는 예법에 어긋나는 일이다.
공자는 천하주유7를 하기 전 노나라에 있으며 대사구大司寇까지 벼
슬을 하고 대부大夫의 신분까지 올라갔다. 하지만 다시 노나라에 돌
아왔을 때에는 벼슬이 없는 야인野人의 신분이었다. 그러니 야인으
로서 대부 이상의 장례에서 허용된 예법을 따를 수는 없는 일이었
다. 그래도 공자는 야인이라고는 하나 노나라의 제후나 당시 노나라
의 최고 실권자였던 계씨季氏 집안에서도 수시로 정치적 상담을 하
는 위치에 있었다. 계씨는 공자를 다시 노나라로 초대하면서 벼슬
을 맡기려 했으나 가신들의 반대로 인한 정치적 부담을 느껴 그 제
자들을 등용하는 데 그치고, 공자에게는 수시로 정치적 자문만을 구
했다. 그러하니 그가 만일 대부의 장례를 치른다고 해도 어느 누구
도 뭐라 할 사람은 없었을 것이다. 그런데 어느 정도 기력을 되찾은
공자는 그 소리를 듣고 자로를 심하게 꾸짖는다. 자로의 행위는 남

을 속이는 행위라며 다른 사람들의 눈과 귀는 속일 수 있을지라도 하늘을 속일 수 없음을 성토한다. 성대한 장례를 치르기보다는 제자들 가까이에서 죽고 싶은 마음, 길에서 객사하지 않을 정도의 소박한 장례면 괜찮다는 마음의 표현에서 시종일관 공자의 '시중時中'하는 삶을 엿볼 수 있다.

공자가 병이 들었을 때 기도를 청하고 가신을 거느린 장례를 준비할 수 있는 제자는 자로밖에 없다. 그런 자로를 보고 질책할 수 있는 자도 공자밖에 없다. 자로가 공자의 제자 중 서열이 높아서 그런 것만은 아니다. 어쩌면 다른 제자들도 자로와 같은 마음이었으나 오직 자로만이 그렇게 요청하고 행동할 수 있었던 것인지도 모른다. 그리고 자로였기에 공자는 그리 마음 놓고 질책을 할 수 있었을 것이다. 자로가 그런 말을 받아들일 만한 품성을 지녔고 공자도 그만한 애정이 있기에 자로를 내세워 다른 제자들에게도 가르침을 준 것이다.

공자는 죽음에 대해 어떻게 생각했기에 자신의 죽음이 임박한 상황에서도 이렇게 초연한 태도를 보였을까?

삶과 죽음, 그리고 앎

자로가 귀신을 어떻게 섬겨야 하는지 묻자, 공자가 대답하였다. "사람도 잘 섬기지 못한다면 어떻게 귀신을 잘 섬기겠는가?" 자로가 다시 "그럼 감히 죽음에 대해 묻습니다."라고 묻자, 공자가 "삶도 모르는데 어찌 죽음을 알겠는가?"라고 대답하였다.

중국 고대인들의 삶에서 귀신鬼神을 섬기는 것은 아주 중요하다. 여기서 말하는 귀신은 서양의 ghost 또는 demon의 번역어가 아니다. 과학기술의 발달로 여러 자연 현상의 원인을 알고 있는 현대인들과는 다르게 고대인들에게 자연은 미지未知의 영역이었다. 동양에서는 그 자연을 음陰과 양陽의 조화의 관점에서 바라보았고, 귀신은 그런 관점의 하나의 표현형식이다. 특히 하늘에 대한 제사, 사직에 대한 제사, 조상에 대한 제사는 중요한 정치적 행위였는데 이는 모두 귀신을 섬기는 일이다. 예컨대 나라의 중요한 날인 국경일에 대통령을 비롯한 나라의 주요인사가 참여하는 행사를 통해 나라가 발전한 모습을 과시하고 앞으로의 비전을 나라 안팎으로 선포하는 것과 비슷하다.

자로의 귀신에 대한 질문은 이런 정치적 행위에 대한 물음이다. 그런데 공자는 사람도 제대로 섬기지 못하면서 어찌 귀신을 섬길 수 있는지 반문한다. 유학에서는 일의 선후先後와 본말本末을 알고 행하는 것을 중요하게 여긴다.[8] 공자가 볼 때 귀신을 섬기는 일보다 먼저 행해야 하는 것은 사람을 섬기는 일이다. 정치적 행위로서 귀신을 섬기는 일은 독립적인 행위가 아니라 사람을 섬기는 일의 연장선에 있다. 제사의 중요한 절차 중 하나는 제사 음식을 산 사람들이 함께 나눠 먹는 것이다. 그 음식을 어떻게 나누어 먹느냐에 따라 제사에 참여한 자들의 신분이 드러난다. 죽은 자에게 먼저 음식을 바치는 것은 형식이고 정작 중요한 내용은 산 자들과의 음식 나눔이다. 유학儒學은 철저히 차안此岸에 관심을 가진다. 피안彼岸이 중요한 것은 어떤 식으로든 차안此岸과 관계 맺고 영향을 미치는 한에서이다. 그러니 공자에게 사람 섬김을 도외시한 귀신 섬김은 도리어 안 하니만 못한 행위이다.

아주 중요한 질문을 했다고 생각했는데 스승의 이런 핀잔을 들으니 자로는 머쓱하다. 그냥 물러나기에는 자존심이 상하는지라 관련된 다른 질문을 한다. '감히 죽음에 대해 묻습니다.' 죽음과 죽음 이후에 관한 생각은 인간과 동물을 구별 짓는 중요한 요소 중의 하나이다. 인간은 사회를 이루어 살면서 지역과 공동체마다 나름의 죽음을 대하는 문화를 만들어 왔다. 그리고 동서양의 주요 사상가들은 죽음에 대해 많은 생각을 했고 그 생각의 결과를 남겼다. 먼저 서양의 경우를 간단히 살펴보자. 고대 희랍에서 죽음을 바라보는 관점은 사후 세계의 존재 여부와 영혼 불멸에 대한 입장 차이로 나뉜다. 대표적으로 고대 그리스의 피타고라스 학파 등의 영향을 받은 플라톤은 사후 세계의 존재와 영혼 불멸을 주장한다.[9] 반면에 에피쿠로스는 '우리가 존재하는 한 죽음은 우리에게 있지 않고, 죽음이 오면 우리는 존재하지 않'기 때문에 죽음은 우리에게 아무것도 아니라고 이야기한다.[10] 죽음 이후를 인식하거나 경험할 존재는 없다는 것이다. 이들보다 앞서 소크라테스는 피고인으로 출석한 재판 과정에서 자신을 변호하는 와중에 죽음에 대해 이렇게 따져 본다. 죽음 이후의 사후 세계가 있거나 또는 없을 터인데 만일 사후 세계가 없다면 꿈도 꾸지 않는 잠을 자는 것이니 이는 왕도 부러워할 만한 것이며, 반대로 만일 사후 세계가 있다면 그곳에서 나보다 먼저 죽은 여러 영웅들과 지혜로운 자들을 만나볼 수 있으니 이 또한 나쁘지 않다고 하며 죽음을 겸허히 받아들인다.[11]

동양에서는 장자의 이야기가 인상 깊다. 장자는 아내의 죽음을 맞이하여 처음에는 슬퍼했으나, 삶은 기의 모임聚이고 죽음은 모였던 기가 흩어져서散 다시 왔던 곳으로 돌아가는 것임을 깨닫고 술동이를 두드리며 노래를 부른다.[12] 이런 장자의 사생관은 노장老莊사상이 민간신앙화하면서 동아시아 사람들의 죽음에 관한 생각에 많은 영향을 미친다. 어른의 죽음을 '돌아가셨다'고 표현하는 것은 가야 할 곳으로 되돌아감을 뜻하는 것으로 이에 영향 받은 것이다.

그럼 공자는 죽음에 대해 어떻게 생각하고 있을까? 『논어』에 죽음을 뜻하는 '사死'라는 글자는 여러 차례에 걸쳐 나온다. 다른 곳에 나온 '사死'는 사람의 죽음을 묘사하거나 죽음보다는 삶을 더 원하는 인간의 욕망을 이야기할 뿐으로 죽음 자체에 대한 이야기는 이 장이 유일하다. 공자는 귀신보다는 사람을 섬기는 것이 우선인 것처럼 삶을 알지 못하면 죽음도 알 수가 없는 것이라고 단언한다. 그에게 삶과 관계 맺지 않은 죽음 자체는 알 수도 없고 알 필요도 없는 것이다.

죽음은 삶과 단절된 어떤 것이 아니다. 삶과 죽음은 동전의 양면처럼 함께 있다. 수많은 세포가 생사를 거듭하고 있다는 생물학적 사실 말고도 우리는 항상 죽음에 대해 생각하고, 나와 관계 맺은 자들의 죽음을 겪으면서 살고 있다. 의식하든 의식하지 않든 우리는 죽음을 품고 살고 있다. 죽음이 무엇이든 간에 우리는 삶을 통해서만 죽음을 이해할 수 있다. 등잔 밑이 어둡다는 옛말처럼 죽음에 대한 앎이 멀리 있는 것이 아니라 우리의 눈앞에, 우리의 삶 안에 있다. 우리가 죽음을 알 수 있는 유일한 방법은 온전한 삶을 살아가는 것이다.

여기서 공자는 '삶에 대한 앎知生', '죽음에 대한 앎知死'을 이야기한다. 공자는 '앎知'에 대해 어떻게 생각했을까?

> 공자가 말하였다. "자로야, 너에게 아는 것이 무엇인지를 가르쳐 주겠다. 아는 것을 안다고 하고 모르는 것을 모른다고 하는 것, 이것이 아는 것이다."

글머리에서 이야기했듯이 공자의 이야기는 시공간을 초월한 가르침이 아니다. 또한 공자는 어린 새가 알을 깨고 나오기 위해 몸부림 칠 때 밖에서 알껍데기를 쪼아주는 어미 새처럼 (줄탁동시啐啄同時) 스스로 깨우치기 위해 노력하지 않으면 도와주지 않는다.[13] 그래서 공자가 먼저 누구를 불러 가르침을 전하는 경우는 드물다. 자로에 대한 애정인지, 아니면 참다못해서 자로를 불러 충고를 하는 것인지는 모르겠지만 공자가 먼저 자로에게 말을 건다. 어떤 상황을 상상하든 공자와 자로의 관계라면 충분히 있음직한 일이다.

아는 것을 안다 하고 모르는 것을 모른다 하는 것, 이는 소크라테스의 무지無知의 지知와 일맥상통한다. 소크라테스는 '아테네에서 가장 현명하다'는 아폴로 신의 신탁을 받는다. 자신이 그렇게 현명하다고 생각하지 않았던 소크라테스는 '신탁이 틀릴 수 없다'는 사실과의 모순을 해소하기 위해 자타가 공인하는 아테네의 현명한 자들인 정치인과 시인, 장인을 찾아가 이야기를 나눈다. 그리고 소크라테스는 그들도 자신과 마찬가지로 아는 것이 없음을 알게 된다. 다만 그들과 자신과의 차이는 자신은 모른다는 것을 아는데 그들은 모른다는 것을 모른다는 사실이었다. 소크라테스가 가장 현명하다는 신탁의 의미는 바로 자신이 모른다는 사실을 안다는 것에 있었다.[14]

삶과 죽음이 동전의 양면인 것처럼 앎知은 모름無知과 함께 있다. 앎의 과정은 대상을 앎의 집합과 모름의 집합으로 나누고 앎의 집합을 확대해 나가면서 모름을 축소시키는 그런 평면적인 차원이 아니다. 앎과 모름은 여러 면에서 겹쳐 있다. 무언가를 안다고 생각해서 그것을 말이나 글로 표현하려 했을 때, 나의 무지無知를 확인할 때가 있다. 분명히 안다고 생각했는데 그것을 타인에게 전달하기 위한 말이나 글로 옮길 수 없을 때, 그것은 아는 것인가 모르는 것인가? 글을 쓰다가도 내가 글을 쓰기보다는 글이 저절로 써지는 때가 있다. 말을 하다가도 이 말이 내 말인가 하는 때가 있다. 그럴 때 나는 아는 것인가 모르는 것인가? 무언가를 알고 있다고 여기다가도 어느 순간 내가 그것을 모른다는 사실을 깨달을 때가 있다. 그 순간은 또 다른 앎의 지평이 열리는 순간이다. 바로 이런 순간이 앎과 모름이 겹치는 '무지無知의 지知'의 순간이 아닐까?

서양에서 앎의 문제는 플라톤 이후부터 이천여 년 동안 '상태'의 문제였다. 곧 앎의 대상과 나의 인식이 일치하느냐의 여부가 앎의 기준이다. 이 기준을 통해 앎의 대상, 앎의 주체, 그리고 대상과 관념의 일치를 누가 어떻게 판단하느냐가 서양 인식론의 중요 관심사이다. 하지만 공자에게 앎의 문제는 상태가 아니라 실천의 문제이다. 위爲는 행동이다. 내가 알고 있는 것이 무엇이고 모르는 것이 무엇인가를 파악해서 아는 것이 아니다. 아는 것은 안다 하고 그에 맞춰 실천하고, 모르는 것은 모른다 하고 그에 맞춰 실천하는 것이다. 공자는 이렇게 당연한 이야기를 왜 했을까? 왜냐하면 소크라테스의 사례에서 알 수 있듯이 많은 사람들이 '부지위지지否知爲知之', 곧 알지 못하면서 아는 것처럼 행동하기 때문이다. 일상에서 벌어지는 '부지위지지否知爲知之'의 사례에는 어떤 것이 있을까?

언제부턴가 다가올 미래에 관해 이야기할 때 누구나 4차 산업 혁명이라는 말을 꺼낸다. 각자 4차 산업 혁명은 모습은 이러저러할 것이고, 이렇게 저렇게 대비해야 한다고 주장한다. 그런데 필자 나름으로 4차 산업 혁명에 대해 이런저런 책도 읽어 보고 고민을 해 본결과 전문가들의 공통된 의견 대부분은 '어떤 미래가 닥칠지 모른다'는 것이다. 누구도 알 수 없는 미래를 안다고 자처하는 이들은 어떤 사람들인가?

4차 산업 혁명을 이야기하는 사람들을 두 부류로 나눌 수 있다. 하나는 지금까지 겪지 못한 어떤 미지未知의 시대가 올 것이니 그 모름을 대비하자는 부류, 또 하나는 그 미래는 이러이러할 것이기 때문에 이러이러하게 대처해야 한다는 기지既知의 부류이다. 우리는 알지 못하는 것에 대해서 근본적인 공포와 불안을 느낀다. 그러니 미지를 말하는 자보다는 기지를 말하는 자의 말에 귀 기울이기 마련이다. 마치 고대 아테네에서 많은 사람들이 모르는 것을 아는 소크라테스보다는 모르면서 앎을 자처하는 자들의 말에 귀를 기울인 것과 마찬가지이다. 그들은 어떻게 아무도 모르는 4차 산업 혁명의 미래를 예측할 수 있는 것인가? 그런 부류는 모르면서 아는 체하는 자이거나 사기꾼일 가능성이 크다.

자로의 반격 그리고 공자의 갈등

대입시험이나 고시공부를 하면서 재수, 삼수까지는 몰라도 10년 이상 시험에 도전하는 것은 보통 일이 아니다. 공자의 천하주유天下周遊는 13년 동안 고시공부를 한 것과 같다고 볼 수 있다. 제나라와 초나라에서는 거의 합격 일보 직전까지 갔으나 마지막에 어긋났다. 게다가 그 과정에서 여러 번 죽음의 문턱까지 갔으니, 공자가 정치적인 뜻을 펼치고자 하는 욕망이 넘쳐나도 이해할 만하다.

공자가 남자를 만나고 돌아오니 자로가 기뻐하지 않았다. 공자가 하늘에 두고 맹세하며 말하였다. "내 맹세코 잘못된 짓을 하였다면 하늘이 나를 미워할 것이다. 하늘이 나를 미워할 것이다."

남자南子는 위령공衛靈公의 부인이다. 그녀는 태자였던 괴외蒯聵를 쫓아내고 괴외의 아들인 첩輒이 왕위에 오르도록 했다. 나중에 괴외가 쿠데타를 일으켜 아들 첩을 내쫓고 다시 왕위를 되찾는 와중에 자로가 죽게 된다. 게다가 그녀는 영공 몰래 다른 남자男子와 정을 통하기도 하는 등 여러모로 공자와 맞지 않는 여인이었다. 이런 남자南子를 공자가 만났다. 그들이 어떤 경로로 왜 만났는지는 모른다. 왕의 부인으로서의 역할만이 아니라 적극적으로 정치에 개입하고 싶은 욕망을 감추지 않았던 남자南子로서는 자기 나라에서 벼슬을 할지도 모르고 많은 사람들에게 능력 있고 훌륭한 사람으로 평가받는 공자를 만나보고 싶었을 것이다. 어쩌면 공자도 물밑에서 막강한 영향력을 행사하고 있는 남자南子를 통해 어떤 가능성을 찾으려 했는지도 모르겠다. 그리고 마땅히 할 일이 없었던 공자가 그녀의 초청을 거절할 명분도 딱히 없었을 것이다.

하지만 강직한 자로는 이 만남 자체가 탐탁지 않았다. 그래서 자로는 '불열不說', 곧 기쁘지 않았다. '스승님은 왜 그런 여인을 만나십니까? 그건 이러이러해서 스승님답지 않습니다. 어쩌고저쩌고….' 이렇게 말을 늘어놓는 것은 자로답지 않다. 다만 얼굴에 불쾌한 기색을 보임으로써 그 마음을 충분히 보일 수 있다. 외출했다 돌아오면 반갑게 맞이하면서 말을 걸던 아내가 아무 말 없이 불만 섞인 표정으로 자기 할 일만 하면 남편은 불안하기 마련이다. 공자도 이런 자로를 보며 마음에 찔리는 면이 있었나 보다. 그는 자신은 잘못한 일을 하지 않았다고 하늘에 맹세한다. 만일 잘못한 일이 있다면 하늘이 나를 가만두지 않을 것이라고 두 번이나 반복해서 말한다. 어지간히도 급했나 보다. 『논어』에 공자가 같은 말을 두 번 반복하는 장면은 자주 나오지 않고, 크게 강조할 때 쓰인다. 항상 자로를 꾸짖고 면박을 줬던 공자가 자로 앞에서 쩔쩔매는 이 장면은 아주 재미있다. 어찌 보면 공자의 흠집이 될 법도 한 이런 장면을 빼지 않고 함께 편집해 넣은 자들의 선택도 눈여겨 볼만하다. 이런 사실적 기록으로 『논어』의 사료적 가치와 신빙성은 높아진다.

자로가 공자에게 불열不說한 모습을 보인 장면은 또 있다.

공산불요가 비읍에서 반란을 일으키고 공자를 초대하니, 공자가 가려고 하는 마음이 있었다. 그 모습을 본 자로가 기뻐하지 않으며 "아무리 가실 곳이 없다고, 하필 반란자인 공산씨에게 가려고 하십니까?" 하니, 공자가 말하였다. "그가 나를 초대하는 것이 아무 이유가 없지는 않을 것이다. 누구든 나를 써주는 자가 있으면 나는 동쪽의 주나라를 다시 만들 것이다."

계씨季氏의 가신인 공산불요公山弗擾가 비費땅에서 반란을 일으킨다. 이 일은 공자가 아직 노나라에서 벼슬하기 전인 51세에 벌어진 사건이다. (그 다음해에 노나라 제후인 정공定公이 공자를 중도中都땅의 읍재邑宰로 삼았다. 이후 공자는 노나라를 떠나기 전 대사구大司寇의 벼슬에 오르기까지 여러 분야에서 자신의 능력을 보여준다.) 아직 벼슬길에 오르지는 못한 상태이지만 공자의 정치적 능력은 어느 정도의 사람 보는 눈이 있는 자들에게는 많이 알려져 있었을 것이다. 구질서의 눈에는 반란자이지만 새로운 질서를 건설하려는 공산불요는 함께 할 인재가 필요했다. 아직 현 정권으로부터 인정을 받지 못하였지만 잠재적 능력을 가진 공자는 그에게 딱 맞는 포섭 대상이었다. 공산불요는 반란을 성공시킨 후에 공자를 초청했고 공자는 그 초청에 응하려는 마음이 있었다. 그런데 자로의 눈에는 요즘 말로 하면 쿠데타 세력에 참여하려는 공자가 영 이해되지 않는다. 기분 나쁜 표정만 짓는 것이 아니라 하필이면 그런 곳에 가려 하느냐며 노골적으로 불만을 터뜨린다. 이렇게 대놓고 스승 앞에서 불만을 이야기할 수 있는 제자는 아마 자로밖에 없었을 것이다.

이에 대한 공자의 변명(?)이 곱씹을 만하다. '나를 초대했다면 분명 어떤 생각과 계획이 있을 것이다. 만일 내 뜻을 마음대로 펼칠 수 있는 장이 펼쳐진다면 내가 그 곳을 또 하나의 주周나라처럼 만들

수 있을 텐데……'

공자는 나이가 들어 주공이 꿈에 나타나지 않았다고 한탄을 하고[15], 하나라와 은나라, 주나라 중에서 주나라의 질서를 따르겠다고 선언했듯이[16] 주나라를 정치적으로 지향할 국가 체제로 보았다. 주나라는 천자天子(왕王)-제후諸侯-대부大夫-사士-민民으로 위계화된 신분 질서가 기본적 골격을 이루는 체제인 봉건 사회였다. 공자는 계씨가 자기 집 앞마당에서 천자와 노나라 제후만이 할 수 있는 (주공의 형인 문왕은 은나라를 멸하고 주나라를 설립한 후에 아들인 성왕成王이 성인이 되기 전에 일찍 죽는다. 주공은 섭정 후에 성왕이 성인이 되자 왕위를 넘기고 노나라로 돌아간다. 이에 대한 보답으로 성왕은 주공이 분봉分封받은 노나라는 천자의 예를 행해도 된다고 허락하였기에 노나라 제후는 다른 제후와 달리 천자와 같은 예를 행할 수 있었다.[17]) 팔일무八佾舞를 하는 것을 보고 예禮가 땅에 떨어졌다고 한탄한다.[18] 그리고 공자는 옆 나라인 제나라의 대부인 진성자陳成子가 임금인 간공簡公을 시해하자 임금인 애공哀公에게 윗사람을 범한 진성자를 토벌할 것을 간할 정도로[19] 예와 신분 질서를 중요하게 생각한 사람이다. 그런 그가 반란을 일으킨 공산불요가 초대했을 때 그에 응하려 했다는 것은 의외이다. 남이 하면 불륜이고 내가 하면 로맨스인가?

공자가 살던 시기는 춘추春秋시대 말기이다. 천자국인 주나라가 쇠퇴하면서 그 영향력은 날로 적어지고 모든 제후가 왕을 참칭僭稱하는 전국戰國시대가 얼마 남지 않은 그런 시기이다. 각 제후국들이 너도 나도 부국강병을 외치며 패권을 장악하려 팽창정책을 펼치면서 옛 질서인 봉건시스템은 무너지고 있었다. 제후가 천자의 자리를 넘보면서 제후의 자리를 대부가 넘보고 사와 서민이 대부의 자리를 넘보는 하극상下剋上의 시대이다. 이렇게 질서가 해체되는 과정에서 가장 피해를 보는 자들은 사회적 약자이다. 조금이라도 윗자리를 차지하려는 이전투구와 지배계층의 사치와 향락, 탐욕 속에 백성들의 삶은 바닥을 모를 정도로 나락으로 떨어진다. 이런 무질서에서 공자가 다시 건설하려고 하는 질서는 행정과 형벌에 기초한 것이 아니라 덕과 예에 기초한 질서이다.[20] 그리고 공자가 꿈꾸는 질서는 주나라 전성기의 질서와 비슷하다. 그러하기에 공자는 공공연히 주나라를 따르겠다고 이야기한다.

그런데 새로운 질서는 누가 건설할 수 있을까? 새로운 질서는 새로운 세력이 만들 수 있다. 서주西周시대에는 생산 수단인 토지도 없이 제후와 대부들의 관료로서 일했지만 춘추전국시대를 거치면서 중요한 역할을 담당하게 된 사士계층이 대표적인 새로운 세력이다. 겉으로 보기에는 같은 반란이라도, 자기 탐욕을 확대하기 위한 반동적인 반란이 있는 반면 과거의 모순을 뚫고 새로운 질서를 건설하기 위한 새로운 세력의 반란도 있다. 공산불요의 반란이 어디에 속하는지는 섣불리 판단할 수 없다. 결국 그의 반란은 실패했고 사후적으로 승리자에 의해 그려지는 역사적 판단에 의하면 그의 반란도 여느 반란과 다름이 없다. 하지만 적어도 혼란을 극복하기 위한 질서를 꿈꾸고 시대의 변화도 온몸으로 감지하고 있는 공자가 보기에는 새로운 정치질서의 실현 가능성이 엿보였다고 해석해볼 수 있다.

이런 '반란세력'의 초대는 한 번 더 있었다.

필힐이 공자를 초대하자, 공자가 가려고 하는 마음이 있었다. 이를 알고 자로가 말하였다. "예전에 제가 선생님께 듣기를, 선하지 않은 일을 직접 행하는 자가 있다면 군자는 그 무리에 들어가지 않는다고 하셨습니다. 필힐이 지금 중모에서 반란을 일으켰는데, 선생님께서 왜 그곳에 가려고 하십니까?" 공자가 말하였다. "그렇다. 이러한 말이 있다. '아무리 갈아도 얇아지지 않으니 단단하다고 말하지 않겠는가. 아무리 검은 물을 들여도 더럽혀지지 않으니 깨끗하다고 말하지 않겠는가.' 내가 어찌 뒤웅박처럼 한 곳에 매달려 아무 쓸모없는 상태로 있어야 하겠는가?"

필힐佛肸이라는 진晉나라 대부大夫가 중모中牟땅에서 반란을 일으키고 공자를 초대하니 공자는 또 가고자 하는 마음이 일어났다. 이때는 공자가 벼슬을 얻기 위해 한창 중국 전역을 돌아다니고 있을 때였다. 아무도 자신을 쓰려 하지 않는 와중에 비록 반란을 일으킨 자이기는 하지만 공자의 능력을 쓰겠다고 초대한 것이다. 아마 공산불요가 초대했을 때보다 이때의 초대에 응하고자 하는 욕망이 더 컸을 것이다. 이에 자로는 예전 공자의 말을 근거로 조목조목 따진다. '스승님께서 선하지 않은 자와는 가까이 하지 말라 했으면서 하물며 반란을 일으킨 자한테 가려고 하니 이 어찌된 일입니까?' 공산불요의 경우에 비해 이에 대한 공자의 답이 좀 궁색하다. '내가 그런 말을 하긴 했는데 그건 검은 곳에 가면 검게 물들여지듯이 불선不善에 물들까봐 그렇게 말한 것이다. 하지만 나는 그렇지 않다. 아무리 갈아도 얇아지지 않을 정도로 견고하고 아무리 검게 물들이려 해도 더럽혀지지 않을 정도로 순수한 것이 나이다. 너는 내가 아무런 쓰임도 받지 못하고 평생 동안 이렇게 돌아다녀야 한다는 말이냐?' 자로의 공격이 너무 날카로워 당황한 것인가?

어쨌든 공산불요와 필힐의 사례를 통해 우리는 공자가 꼬장꼬장한 유생儒生들의 이미지로는 상상하기 힘든 상당히 유연한 사람이었음을 알 수 있다. 이에 비해 자로는 원칙에 어긋나는 것을 용납할 수 없는 사람이었다. 융통성과 기회주의는 종이 한 장 차이다. 보는 사람의 관점과 일의 결과에 따라서 사후적으로 판단할 수 있을 뿐이다. 스포츠 경기에서 감독이 다수의 의견과 다른 결정을 했을 때 결과가 좋다면 뛰어난 판단력을 보여준 것이라 평가받고 결과가 나쁘다면 독단적인 행동이라고 평가받는 것과 같다.

필힐과 공산불요의 초청에 대해 동요하는 공자는 기회주의자인가 유연한 자인가? 내일을 예측할 수 있는 안정된 사회라면 이를 판단할 수 있는 기준이 있겠지만 이 당시는 한치 앞을 내다 볼 수 없는 혼란과 변화의 시기이다. 이런 시기에 모든 상황을 설명해 줄 수 있는 원칙과 잣대가 있을 수 없다. 맑은 날과 폭풍우가 몰아치는 상황에서 배를 모는 것은 같을 수 없다. 폭풍우 속에서 배를 몰 때는 모든 감각을 활용하여 온 몸으로 변화의 흐름을 감지하며 그때그때 대응해야 한다. 어쩌면 공자는 공산불요와 필힐에게 여타의 반란과 다른, 새로운 시대의 틈을 열려는 흐름을 읽었는지도 모른다. 그것은 논리적으로 설명할 수 없다. 더군다나 자로처럼 하나의 말을 듣고 그것을 실천에 옮겨야만 다음 말을 듣는, 그런 원칙에 충실한 삶을 사는 자에게는 더더욱 이해하기 어려운 일이다.

이즈음에서 '부지위부지知爲不知'의 조금 다른 해석을 시도해 본다.

내가 알지 못하는 것을 아는 것처럼 행동하지 않는 것, 모르는 것을 인정하고 그에 따라 행동하는 것이 일차적 해석이라면, 앎으로 판단할 수 없는 상황에서는 앎知이 아니라 모름知에 의해 선택하고 행동하라는 것은 이차적 해석이다. 앎知은 모든 것을 설명해 줄 수 없다. 그렇다고 아무 것도 모른다면 (철저한 부지不知) 세상과 나는 결코 연관될 수 없다. 맑을 때나 폭풍우가 몰아칠 때나 그에 맞춰 자유롭게 바다를 노닐 듯이 세상이라는 바다에서 노닐 수 있는 자유의 영역은 지知와 부지知의 경계, 지知와 부지知의 가로지름에 있다.

정명(正名) – 정치의 시작

인仁, 덕德, 예악禮樂 등 공자의 사상을 설명하는 여러 키워드가 있는데 '정명正名'도 그런 키워드 중의 하나이다. 그런데 많은 사람들이 정명正名을 말하면서 예를 드는 공자의 이야기가 '군군신신부부자자君君臣臣父父子子'이다. 전체적 맥락에서 보면 틀린 이야기는 아니지만 이 말은 제나라 경공이 정치에 대해 물었을 때 공자가 한 대답이고, 둘의 대화에서 '정명正名'이라는 말은 나오지 않는다.[21] 『논어』에서 '정명正名'이라는 단어는 단 한 번 나오는데 바로 자로와의 대화에서이다. 그리고 이때의 정명正名은 '임금은 임금답게 신하는 신하답게…'라는, 각자의 이름에 맞는 역할을 해야 한다는 뜻으로만 헤아리기에는 더 큰 뜻을 품고 있다.

자로가 말하였다. "위나라 군주가 선생님에게 정치를 맡기려 하는데, 선생님은 장차 무엇을 먼저 하시렵니까?" 공자가 대답하였다.

"반드시 이름을 먼저 바로잡겠다." 자로가 말하였다. "또 그러시는 군요. 왜 또 그리 에둘러 가려 하십니까? 이름을 어떻게 바로 잡겠다는 건가요?" 공자가 말하였다. "참 답답하구나! 자로야. 군자는 자신이 알지 못하는 것에는 함부로 말하지 않는 것이다. 이름이 바르지 못하면 의사소통이 잘 되지 않고, 의사소통이 잘 되지 못하면 일이 이루어지지 못하고, 일이 이루어지지 못하면 예와 악이 일어나지 못하고, 예악이 제대로 일어나지 못하면 형벌이 제대로 적용되지 못하고, 형벌이 제대로 적용되지 못하면 백성들이 손발을 둘 곳이 없게 된다. 그러므로 군자가 이름을 붙이면 반드시 말할 수 있으며, 말할 수 있으면 반드시 행할 수 있어야 하니, 군자는 구차하게 말하지 말아야 한다."

위나라는 공자가 천하주유를 하는 동안 가장 오랫동안 머물렀던 나라이다. 그곳에 머무는 동안 공자는 임금인 영공靈公뿐 아니라 다른 많은 정치인들과도 만나 대화를 나누면서 당시 위나라의 정치상황에 대해서 꿰뚫어 보는 면이 있었을 것이다. 자로의 인척이 위나라의 높은 관직에 있었는데 공자 일행은 그의 집에 머물며 많은 정보를 얻을 수 있었다. 이 대화가 이루어지는 시점에서 위나라 조정에서 공자에게 큰 역할을 맡기려는 움직임이 있었나 보다. 이런 와중에 자로는 만일 위나라의 정치를 맡게 된다면 무엇을 먼저 할 것인지 스승에게 물어본다.

정권이 바뀔 때마다 바뀐 성부는 나름 나라의 현실을 진단하며 국정의 우선과제를 선포한다. 정의사회 구현, 부정부패 척결, 경제 활성화 등 이전 정부에서 선언은 했지만 실현되지 않은 많은 구호들이 귀에 맴돈다. 만일 대한민국의 국민들에게 자로가 물은 것처럼 '대한민국의 정치를 맡긴다면 가장 먼저 어떤 일을 할 것인가' 라고 묻는다면 어떤 대답이 나올까? 각자가 처한 나름의 현실과 삶의 경험에 맞춰 다양한 대답이 나올 것이다. 몇 가지 중요한 과제만 떠올려 보아도 소득재분배, 부동산, 교육, 선거제도 개혁, 인구와 자원의 수도권 집중, 지역감정, 과거사, 외교 등등 중요하고 우선순위에 놓아야 할 과제들이 있다. 아마 자로도 자신이 스승과 함께 나라의 정치를 맡는다면 무엇을 어떻게 할지에 대해 계획을 세워놨을 것이다. 자로는 자신의 의견도 내놓고 스승의 의견도 들으면서 구체적인 이야기를 나누고 싶어서 이런 질문을 던졌을 것이다. 그런데 공자의 대답은 자로의 기대와는 너무 다르다. 이름을 바로 잡겠다니. '아 이 노인네 또 뜬 구름 잡는 소리 하네.' 답답한 자로는 불만을 토로한다. '스승님 또 답답한 소리하시네요. 이렇게 시급한 일들이 산적한데 한가하게 이름을 바로 잡는다는 소리나 하다니요.' 이런 자로에게 공자도 답답함을 느껴 구박을 한다.

다른 제자와의 대화에서 공자가 한두 마디 툭 던져줬을 때 활연관통豁然貫通하는 깨달음의 장면을 묘사하는 대목이 종종 있다. 자공이 『시경』 기욱淇奧편을 인용했을 때 공자가 이제 시를 함께 이야기할 수 있겠다고 하는 장면[22], 공자가 '나의 도는 일이관지一以貫之'라고 했을 때 '충서忠恕'의 깨달음을 얻은 증자[23], '회사후소繪事後素'라는 공자의 말에서 예가 나중이라는 깨달음을 얻는 자하[24] 등등. 모두 막힌 것을 뚫기 위해 비悱, 분憤할 때 공자가 네 모서리 중 한 모서리만 들춰주며 발發, 개改 해주어서 막혔던 곳이 뚫리는 도약의 경험들이다.[25] 그런데 자로와의 대화에서는 이런 면을 느낄 수 없다. 공자는 질문자가 짜놓은 틀 안에 머물기를 거부한다. 항상 질문자의 틀을 벗어나 차원이 다른 곳으로 도약하며 이야기를 이끈다. 자기 틀에서 벗어나기를 거부하는 자들에게 그런 공자의 이야기는 이해하기 어렵고 뜬구름 잡는 것처럼 느껴진다. 그런데 공자가 이끄는 도약에 몸을 맡긴다면 지금까지 보지 못했던 다른 관점에 서는 인식의 도약을 경험하게 된다.

답답한 공자는 자로에게 모르면 입 다물고 가만히 있으라고 질책한다. 다른 제자가 이 모양이면 자리를 파하고 돌아앉아 화를 삭이련만 그래도 평생의 동반자인 자로에게는 차근차근 설명한다. 이름을 바로 잡지 않을 때 백성의 삶이 어떻게 도탄에 빠지게 되는지를 정명正名-순언順言-성사成事-흥예악興禮樂-중형벌中刑罰의 순서를 통해 자세히 설명해 준다. 공자는 정치를 맡게 된다면 가장 먼저 무엇을 할 것인가라는 자로의 질문에 '정명正名'이라 대답해 주면서, 정명에서부터 시작되어 말이 잘 통하며 일이 잘 이루어지고 나라의 질서가 잡히며 억울하게 형벌을 받는 자가 생기지 않으면서 백성들이 풍요롭고 안정되게 살게 되는 이 과정이 자로의 눈앞에 펼쳐지기를 기대했을 지도 모른다. 아마 자공이나 증자, 자장이라면 이 대화는 '정명正名'에서 끝났을지도 모른다. 자로 덕분(?)에 우리는 공자의 생각을 더 자세히 들여다 볼 수 있게 됐다.

그럼 공자가 말하는 정명은 무엇일까? 이는 인식론적인 차원에서 보기보다는 실천적인 면에서 살펴보아야 한다. 책을 책이라고 이름 붙이게 된 원리는 무엇인지, 그것이 책이라고 불려야 하는 필연성이 있는 것인지 아니면 책은 다만 우연하게 붙은 기호일 뿐인지, 책을 책이게 하는 본질은 있는지 등 서양의 많은 사상가들이 오랜 세월동안 고민해왔던 이런 문제들은 공자의 관심 밖이다. 그가 정명을 중요하게 여긴 이유는 책이라는 공통의 이름으로 부르지 않고 각자 다르게 부른다면 의사소통도 되지 않을뿐더러 공동체를 유지하기 어렵기 때문이다. 이름은 사물에만 있는 것이 아니라 사람의 지위나 정책 등 인간 활동의 여러 부분이나 추상적 개념에 붙여진다. 사물의 이름을 서로 달리 부른다면 의사소통의 혼란이 일어나듯이 다른 이름도 마찬가지이다.

정명正名은 이름을 붙이는 행위뿐 아니라 그 이름에 걸맞은 실천까지 포함한다. 노동부가 노동자 탄압에 동조하고, 환경부가 환경을 파괴하는 개발사업의 논리에 동조하고 국가인권위원회가 인권 탄압에 눈 돌리고 그 안에서 인권 탄압을 자행하는 것은 전형적인 명부정名不正의 사례이다. 정명正名은 또한 가명假名, 거짓 이름의 반대이다. 직업의 자유라는 이름으로 포장된 전관예우, 부수적 피해라는 이름으로 자행되는 민간인 살상, 증세 없는 복지라는 형용모순, 정의롭지 못한 방법으로 잡은 권력의 이름으로 선포하는 정의사회 구현 등 가명假名으로 인한 명부정名不正의 사례를 나열하자면 한도 끝도 없다.

성경의 창세기를 보면 하느님은 아담에게 다른 창조물들의 이름을 지을 권리를 부여한다. 이는 어떤 의미인가? 이름을 짓는 것은 지배하는 행위의 첫 걸음이다. 또한 폭력적인 행위일 수도 있다. 어떤 사람 또는 행위를 이름지음으로 그 사람과 행위를 어떤 틀에 가

두게 되는 경우를 우리는 많이 봐왔다. 그러니 이름지음은 반드시 신중하고 조심스럽게 해야 한다. 나의 이름지음이 타자에게 지배와 폭력이 될 수 있기 때문이다. 공자는 이름지음 자체만이 아니라 거기서 출발해서 그 영향이 전체 사회로 흘러가는 보이지 않는 흐름을 본 것이다.

정명正名은 한 번의 이름지음으로 끝나지 않는다. 그것은 중中에 이르는 과정처럼 끊임없이 바름正을 찾아가는 과정이자 실천이다. 공자에게는 소크라테스가 죽을 때까지 찾고자 했던 '그 자체'는 없다. 언제 어디서나 누구에게나 적용되는 '정명正名' 그 자체는 없다. '정正'은 하나가 아니다. 그렇다고 모든 것이 '정正'인 것은 더더욱 아니다. 도도히 흐르는 강물처럼 세상의 흐름에 몸을 맡기다 보면 그 방향을 몸으로 읽을 수 있다. 그리고 그 '정正'은, 그 방향으로 가다보면 닿았다가 멀어지고 다시 닿기도 하는 끊임없는 삶의 과정에 있다. 요컨대 어딘가에 모범답안이 있어 거기에 맞으면 '정正'이 되는 것이 아니라 그것을 향해 살아가는 과정 자체가 '정正'이다. 원칙, 법률, 제도 등의 틀에 벗어나지 않음을 정正이라 여기고 '합법'이라면 어떤 짓을 해도 상관없다고 여기는 삶은 정正이라 할 수 없다. 만일 군주가 정해진 법칙을 어기지 않는 것만을 정正이라 여긴다면 백성들은 왕을 건성으로 믿고 따르기 어려울 것이다. 군자君子가 이름을 지으면名之 말이 되어야 하고可言 그리고 반드시 행해져야必可行 한다. 공자의 정명正名은 이름 지어짐 그 자체로 판단될 수 없다. 그것이 말로 표현되고 또 행해졌을 때 정명正名이 된다. 법조문의 해석으로 합법이니 불법이니 따지며 교묘히 법의 그물망을 빠져 나가는 자들의 행태는 다만 구차할 뿐苟이다.

군자는 죽더라도 관을 벗지 않는다

　민자건은 옆에서 모실 적에 온화한(誾誾,은은) 모습으로 있었
고 자로는 굳세었고(行行,항항), 염유와 자공은 강직하였으니(侃
侃,간간) 공자께서 이들을 보며 즐거워하였다. 그런 와중에 "유는
제명에 죽지 못할 것이다."라고 말하였다.

　개성 넘치는 제자들의 모습을 보면서 공자는 즐거워한다. 그러면
서 생각보다 행동이 앞서는 자로를 보며 제명에 못 죽을 것이라고
걱정을 하는데 결국 공자의 이 예측은 맞아 떨어진다. 자로는 위나
라 대부 공회의 읍재에까지 이르게 되는데, 이때 위나라에서는 반
란이 일어난다. 앞에서 언급했던 남자南子에 의해 쫓겨난 괴외가 자
신의 왕위를 아들로부터 되찾기 위해서 난을 일으키고 결국 왕위에
오르게 된다. 성 바깥에서 자로는 자신이 충성을 맹세했던 출공出公
이 쫓겨났다는 소식을 듣고 바로 성으로 달려간다. 이때 위나라에
서 벼슬을 하고 있던 자고子羔가 성문에서 나오면서 자로에게 이미
상황이 종료되었음을 알리며 함께 떠나기를 권유한다. 하지만 자로
는 출공出公과의 의를 배반할 수 없다면서 성안으로 들어가 반란의
주범인 공회를 벌하려 하지만 역부족으로 자신이 목숨을 잃고 만다.
전투에 져서 목이 베일 상황에서 자로는 상대방에게 잠시 멈추기를
요구하고 '군자는 죽더라도 관을 벗지 않는다君子死, 冠不免'라고 하며
그다운 죽음을 맞는다. 공자는 위나라에 반란이 일어났다는 소문을

듣고서 '아, 자로가 죽겠구나' 하고 탄식했다고 한다. 그리고 그 뒤 얼마 안 있어 자로는 죽었다.[26] 가장 사랑하는 제자인 안연을 먼저 보내고, 아들 또한 먼저 세상을 떴음에도 삶을 이어가던 공자는 자로가 죽고 얼마 안 있어 세상을 뜬다. 물론, 73세의 나이가 결코 적지 않은 나이지만 공자의 죽음은 자로의 죽음으로 크게 상심한 영향도 있었으리라.

이렇듯 자로와 공자는 스승과 제자로서, 또 서로 충고를 아끼지 않는 벗으로서 일생을 함께 했다. 전국 방방곡곡에서 제자가 되고자 삼천여의 '벗朋'들이 찾아오고,[27] 제자들 중에 각 나라에 파견할 수 있을만한 분야별 인재들이 있었으며, 죽음 이후에도 자신을 잊지 못해 여막에서 6년을 지낸 제자가 있고, 가히 청출어람이라 할 만큼 자신을 뛰어넘을 자질을 보인 제자도 있었지만, 자로가 있었기에 공자는 진정 행복한 자라고 말할 수 있지 않을까?

2장

공자의 대변인 자공(子貢)

공자가 말하였다. "말을 듣기 좋게 하고 얼굴빛을 곱게 하는 사람 중에서 인(仁)한 사람은 거의 없다."

공자는 평소에 말 잘하는 사람을 많이 경계했다. 말을 교묘하게 잘한다는 뜻의 교언巧言에 대한 경계는 이 구절을 빼고도 『논어』에 3번 더 나온다. 그 외에도 말보다 실천이 중요하다는 표현이 반복해서 나온다.

자공은 사과십철²⁸四科十哲 중 한 명이고 그 중에 언어言語에 탁월한 자질을 가지고 있었다. 그는 언어 구사력이 빼어났고 재화를 모으는 재주가 있었으며 외교에 있어서 큰 공을 세우기도 한다. 그런데 공자가 '말 잘하는' 자공을 인정하는 데는 꽤 시간이 걸린다. 『논어』에는 공자가 자공을 질책하는 장면이 눈에 많이 띈다. 자공은 스승의 가르침을 따르기 위해 애쓰고 그 노력의 성과를 스승에게 인정받기 위해서 많은 노력을 기울인다. 그러나 스승은 그때마다 칭찬보다는 자공의 부족한 면을 지적한다. 말을 번지르르하게 잘하는 자공에 대한 선입견이 그의 발전하는 모습보다는 부족한 점에 눈길이 가게 했는지도 모른다. 그러던 어느 순간 공자는 자공의 일취월장한 모습을 발견하며 그와 더불어 학문을 논할 수 있다고 인정하기에 이른다. 자공이 질문을 통해 깨달음을 얻는 과정, 그것을 확인하고 제자의 성장에 기쁨을 감추지 않는 공자의 모습은 『논어』에서 발견할 수 있는 드라마 중 백미白眉라 할 만하다.

공자가 죽고 나서 제자들은 삼년상을 치른 후에 각자의 길을 떠난다. 그런데 자공은 그 후에도 홀로 공자의 묘 곁에 초막을 치고 3년을 더 머문다. 5일장도 길다 여겨 3일 만에 장례를 마치는 현대인의 시각에서는 6년 동안이나 죽은 자의 곁에 머무는 것이 쓸데없는 일이라 여겨질지 모르겠지만 적어도 자공은 스승의 곁에 그만큼 머무는 것이 스승에게 받은 은혜를 조금이나마 보답하는 것이라 여겼을 것이다.

이제 본격적으로 자공이 펼치는 드라마를 관람해 보자.

제대로 평가받지 못하는 우등생

공자가 말하였다. "안연은 도에 가까운 삶을 사는데 가난하여 자주 끼니를 굶었다. 사(자공)는 천명을 받아들이지 않고 재화를 늘렸으나 대략 헤아려도 자주 맞는다."

공자는 가장 사랑하는 제자인 안연과 자공을 가끔 비교해서 이야기한다. 안연의 드라마는 다음 장에서 자세히 살펴볼 예정인데 그는 공자가 가장 아끼는 제자였다. 소위 말하는 '찢어지게 가난한' 삶을 살면서도 공자의 가르침에 어긋나지 않는 안연의 삶과 비교해서 자공은 마치 천명에 어긋나는 삶을 사는 것 같다. 말도 잘할뿐더러 재산을 늘리는 재주도 비상하다. 그런데 그가 하는 말이 뭔가 대충 말하는 것 같은데 이치에 잘 들어맞는다. 공자는 이런 자공이 처음에는 마음에 들지 않은 것 같다. 이 글에 나타난 뉘앙스도 칭찬이라기보다는 뭐라고 딱 꼬집어 잘못을 지적하기는 어렵지만 뭔가 탐탁지 않은 느낌이 든다.

내 마음에 들지 않는 사람이 잘못하거나 실수를 하면 차라리 내가 사람 보는 눈이 틀리지 않았다는 위안을 삼으며 욕할 수 있다. 그런데 그가 누가 보더라도 잘못되지 않은 삶을 산다면 더 미워 보이는 것이 사람의 심보다. 이 당시 자공의 삶은 누가 보더라도 흠잡기 어려운 모습이었던 것 같다. 말 잘하는 놈치고 올바른 놈을 찾기 어렵다고 생각하는 공자에게 말도 잘하고 공부도 잘하고 성격도 좋은 자공은 뭔가 의심스럽다. 게다가 자공은 다른 제자보다 더 날카롭고 핵심을 찌르는 질문도 하지 않는가? 공자는 그런 자공의 질문에 대답하면서 자공을 날카롭게 비판한다.

> 자공이 초하룻날 곡유(告由)하면서 바치는 희생양(犧牲羊)을 없애려고 하자 공자가 말하였다. "사(자공)야, 너는 그 양을 아끼느냐? 나는 그 예를 아낀다."

자공은 아주 현실적인 사람인 것 같다. 오늘날에도 말을 논리적으로 하고 남을 잘 설득하는 사람이 현실의 문제를 잘 파악하는 경향이 있다. 그러니 그는 원래의 의도와 정신은 사라진 채 형식만 남아 양을 희생하는 곡삭告朔의 예禮의 쓸데없는 절차를 바꾸고 싶었을 것이다.

곡삭의 예란, 주나라의 천자天子가 한해의 마지막 달에 다음해의 달력을 제후들에게 반포하면 제후들이 이것을 받아서 조상의 사당에 보관했다가 매월 초하룻날 살진 양을 사당에 제물로 바치며 제사를 지낸 후에 그 달력을 시행하는 것을 말한다. 이때 살진 양을 사당에 제물로 바치는 행위를 곡유告由라고 하였다. 그런데 춘추시대

로 접어들면서 이런 예는 흐지부지 되기 시작했고 노나라의 경우에
도 제후가 직접 시행하지 않고 담당 관리가 형식적으로 양을 바치
고 있었다.

여기서 자공과 공자의 관점이 첨예하게 부딪힌다. 자공의 눈에는
이미 곡삭의 예의 유효 기간은 끝났다. 형식만 남은 예를 지킨다면
서 매달 쓸데없이 양을 희생시키기 보다는 차라리 현실에 맞게 개
혁하는 것이 낫다고 여겼다. 하지만 공자의 눈에는 그런 자공이 곡
삭의 예의 보이는 면만 보고 그 이면은 보지 못하는 것처럼 보였다.

사회가 급격히 변화하면 공동체의 질서를 지탱해오던 여러 형식
들이 사회의 변화를 온전히 담아내지 못하는 경우가 많다. 이럴 때
과거의 형식과 새로운 변화 사이의 갈등은 모든 분야에서 나타난
다. 이런 갈등은 나중에 살펴 볼 재아宰我와 공자와의 대화에서 삼년
상에 대한 의견 대립으로 반복되어 나타난다. 사회가 급격히 변화할
때 나타나는 과거 시스템을 바라보는 상이한 두 관점의 갈등에 대
해서는 재아宰我편에서 좀 더 자세히 살펴볼 예정이다.

> 자공이 말하기를 "저는 남이 나에게 하기를 원하지 않는 일을 남
> 에게 하지 않으려고 합니다."라고 하자, 공자가 말하였다. "사(자
> 공)야, 이것은 네가 할 수 있는 바가 아니다."

'기소불욕물시어인己所不欲勿施於人', 자신이 바라지 않는 것을 남에
게 베풀지 마라. '네 이웃을 네 몸과 같이 사랑하라'는 성경의 긍정
의 황금률과 비교되는 공자의 부정의 황금률이다. 공자는 중궁仲弓이

인仁에 대해서 물었을 때 이 말을 했고[29] 자공이 일생동안 간직하면서 실천할 가르침을 알려 달라 했을 때 이렇게 대답했다.[30] 스승이 알려준 한 가지 가르침을 그대로 실천하겠다고 자공은 다짐한다. 자신이 알려 준 대로 실천하며 살겠다는 제자의 다짐을 공자는 무참히 짓밟는다. '그 수준은 너의 자질로는 오르지 못할 수준이야. 안연 정도 되면 몰라도.'

처음부터 말을 해주지 말든지, 기껏 평생 간직할 만한 가르침이라고 말을 해놓고 그것을 실천하며 살겠다는 제자에게 불가능하다고 말하는 심보는 무엇인가? 열 손가락 깨물어 안 아픈 손가락이 없다는 옛말이 있다. 그런데 아파도 좀 덜 아프고 더 아픈 손가락은 있나 보다. 공자가 자로를 구박할 때에는 그 바닥에 깊은 애정이 느껴지는데 자공에게는 냉정함이 느껴진다.

> 자공이 다른 사람들을 비교 평가하는 것을 보고 공자가 말하였다. "사(자공)야 너는 참 현명한가보구나. 나는 남을 평가할 만한 겨를이 없는데."

말을 잘하는 사람은 비평에도 능숙하다. 『논어』에는 자공이 스승에게 다른 사람의 인물평을 묻는 장면이 여러 번 나온다. 두 명의 동료 제자들 중에 누가 나은지 물어서 공자에게 '과유불급過猶不及'이라는 대답을 이끌어 낸 장면이 대표적이다.[31] 그는 스승에게 묻기만 한 것이 아니라 그 스스로도 여러 사람을 비교하고 평가했나보다. 다른 사람을 비평하는 것이 나쁜 것만은 아니다. 만일 그 비평을 통해 나를 돌아보고 나의 발전을 채찍질하는 동력으로 삼는다면 나쁘지 않을 것이다. 물론 자신은 돌아보지 않고 타자의 허물만 들추는 비평이라면 좋다고 할 수 없다. 자공이 어떤 식의 인물 비평을 했는지는 알 수 없다. 그런데 공자의 이 말투에서 비꼬는 기색을 역력히 엿볼 수 있다. '너 참 잘났구나, 한가하게 남을 평가하기나 하고. 나도 배우기에 바빠 그럴 겨를이 없는데……'

주자의 주석을 비롯한 전통적인 해석은 필자의 해석과 다르다. 공자는 후대 유학자들에게 이미 완성된 성인聖人이기 때문에 필자가 해석하는 것처럼 제자를 편애하고 비꼬고 실수도 하는 그런 사람일 수가 없다. 그래서 이 구절을 이렇게 해석한다. 공자가 먼저 자공의 인물비교에 대해 현명하다고 칭찬을 한 후에 혹시라도 자신을 돌아봄에 소홀할까봐 자신을 낮추면서 충고를 했다는 것이다. 공자를 성인이라 전제한 이런 해석으로 이 구절을 읽으면 아무리 읽어도 이해가 되지 않는다. 그런데 공자를 우리 옆집 노인과 같은 인간으로 보고 읽으면 이 구절에 얽힌 자공과 공자의 드라마를 읽을 수 있다.

스승이 이렇게 나오면 다 때려치우고 다른 길이나 다른 스승을 찾을 만한데 자공은 끝까지 버틴다. 아니, 버티는 정도가 아니라 공자가 아무리 마음 아픈 소리를 해도 끊임없이 질문하고 끊임없이 노력한다. 공자를 제외하고는 누구나 인정하는 능력자인 자공은 왜 갖은 구박에도 불구하고 공자의 곁에 머무는 것일까? 공자에게서 큰 가르침을 얻을 수 있다는 믿음일까, 언젠가는 스승에게 인정을 받겠다는 오기일까?

질문의 귀재 - 변하는 스승의 시선

언어의 달인인 자공은 질문에도 달인이었다. 공자는 스스로 자신의 사상을 담은 글을 남기지 않았다. 공자의 언행을 가장 잘 알 수 있는 『논어』도 후대의 제자들이 전해들은 이야기들을 편집한 책이다. 그 안에는 만일 자공이 질문하지 않았다면 우리에게 전해지지 않을 공자의 모습이 여럿 있다. 그 중 하나를 보자.

> 자공이 정치에 대해서 묻자, 공자가 말하였다. "먹을 것이 풍족해야 하고, 나라를 지키는 병력이 충분해야 하고 백성들의 믿음이 있어야 한다." 자공이 말하였다. "어쩔 수 없이 이 셋 중에서 하나를 버려야 한다면 무엇을 먼저 버려야 합니까?" 공자가 말하였다. "병력을 버려야 한다." 자공이 말하였다. "어쩔 수 없이 나머지 둘 중에서 하나를 버려야 한다면 무엇을 먼저 버려야 합니까?" 공자가 말하였다. "먹을 것을 버려야 한다. 예로부터 누구나 다 죽음을 맞이하지만 백성들의 믿음이 없다면 공동체는 존속할 수가 없다."

자공뿐만 아니라 많은 제자들, 그리고 당대의 많은 정치인들이 공자에게 정치에 대해서 물었다. 공자는 묻는 사람에 따라 그에 맞는 대답을 했으니 그가 다른 사람들과 나눈 정치에 대한 문답만 따로 모아도 훌륭한 정치학 교과서가 될 만하다.

자공의 물음에 공자는 먹을 것이 풍족해야 하고, 외부의 적으로부터 나라를 지킬 수 있는 병력이 충분해야 하고, 백성들이 공동체에 대해 신뢰를 가져야 한다는 세 가지를 이야기했다. 만일 자공이 대부분의 다른 질문자와 같다면 대화는 여기서 끝났을 것이다. 그런데 자공은 여기서 멈추지 않고 한 발 더 들어가 캐묻는다. 필자는 강의를 통해 『논어』의 이 구절을 소개할 때마다 함께 공부하는 분들에게 묻고는 한다. '세 가지 중에서 한 가지를 꼭 버려야 한다면 무엇을 버려야 하는가?'라는 물음에 공자는 뭐라고 대답을 했을까? 대부분의 사람들은 이 질문에는 공자와 같은 대답을 한다. 거병去兵, 즉 먼저 병력을 버린다. 자공은 여기서도 멈추지 않는다. 남은 두 가지, 즉 먹을 것과 백성들의 신뢰 중에서 또 반드시 하나를 버려야 한다면 무엇을 버려야 하는가? 공자가 여기에 어떤 대답을 했을 것인가라는 필자의 질문에 대부분의 사람들은 민신民信, 즉 백성들의 신뢰를 선택한다. 먹을 것이 없으면 생존자체가 안되니 당연히 먹을 것이 첫째여야 한다는 추론이다. 그런데 공자는 거식去食, 즉 먹을 것을 버려야 한다고 대답한다.

처음 이 구절을 읽었을 때는 공자의 대답이 이해가 되지 않았다. 여러 번 반복해서 읽은 뒤에도 여전히 오리무중인 구절 중에 하나였다. 그런데 어느 날 자공의 질문에 다시 주목하면서 공자의 뜻을 어림짐작할 수 있게 되었다. 자공은 정치에 대해서 물었다. 정치의 목적은 개인의 생존만이 아니라, 공동체 안에서 여러 개인이 함께 관계하며 자신뿐만 아니라 공동체의 유지와 발전을 함께 모색하는 행위이다.

지금 우리가 함께 공존하고 있는 대한민국이라는 공동체는 시민들의 신뢰를 바탕으로 하고 있다. 많은 사람들이 늦은 밤에도 대중교통을 이용해서 귀가한다. 귀가길이 안전할 것이라는 신뢰가 있기 때문에 가능하다. 인터넷과 유통이 발달한 요즘 인터넷 쇼핑을 하는 사람들이 많이 늘고 있다. 인터넷으로 물건을 구입할 때는 지불을 먼저 하고 물건을 나중에 받는다. 이것이 어떻게 가능한가? 상대방이 나에게 약속된 물건을 보내준다는 믿음이 있기 때문에 가능하다. 가끔씩 그런 믿음을 이용해 돈만 받고 물건을 보내지 않는 사기 행위를 하는 자들도 있다. 이런 자들이 많아진다면 아마 인터넷 쇼핑이라는 시스템은 무너질 것이다. 이와 마찬가지로 공동체의 모든 질서는 공동체 구성원들의 신뢰를 바탕으로 한다. 그 신뢰가 무너진다면 질서도 역시 무너진다.

2020년에는 코로나19 바이러스가 전 세계에 퍼졌다. 뉴스에서는 연일 미국을 비롯한 소위 선진국이라 불리는 유럽 여러 나라들의 시민들이 사재기를 한다는 소식을 전했다. 식食과 병兵이 풍부한 선진국들임에도 공동체에 대한 신뢰가 무너지니 그런 일이 발생했다. 대부분의 시민들이 경제활동을 하지 못하면서 식食이 부족한 상황이 여러 날 동안 지속되고 있다. 그런데도 우리 사회가 큰 혼란을 겪지 않는 이유는 시민들이 나라와 공동체 구성원인 서로에 대한 신뢰를 잃지 않고 있기 때문이라고 할 수 있다.

만일 자공이 공자의 첫 대답을 듣고 더 이상 질문을 하지 않았다면 수 천 년 뒤에 필자 같은 사람이 공자의 뜻을 곱씹으며 깨닫는 기회는 오지 않았을 것이다.

자공이 질문을 잘한다는 것은 다른 제자들도 알고 있었나보다. 궁금한 사항을 자공에게 대신 물어달라는 제자들도 있었다.

염유가 말하기를 "선생님께서 위나라 임금을 도와주실까?"라고 묻자, 자공이 말하였다. "좋다. 내가 스승님에게 직접 물어보겠다." 스승에게 들어가서 "백이와 숙제는 어떤 사람입니까?"라고 묻자, 공자가 "옛날의 현인들이다."라고 대답하였다. 다시 묻기를 "그들이 자신의 행동을 후회하거나 원망했을까요?"라고 묻자, 공자는 "인을 구하여 인을 얻었는데 어찌 후회와 원망이 있겠느냐."라고 하였다. 자공이 나와서 염유에게 말하기를 "선생님께서 위나라 임금을 돕지 않을 것이다."라고 하였다.

자로 편에서 언급한 것처럼 이 대화 당시 위나라에서는 남자南子가 태자인 괴외蒯聵를 쫓아낸 후에 그의 아들인 첩輒이 왕위에 오른 상태였다. 이때 진晉나라에 망명 중이던 아버지인 괴외蒯聵가 진나라를 등에 업고 아들을 쫓아내어 자신이 왕위를 차지하려 하고 있는 상황이다. 이런 정국에서 공자가 어떤 선택을 할지는 제자들도 큰 관심을 가진 사항일 것이다. 그런데 어떤 제자도 감히 스승에게 위나라 임금을 도울지 여부를 묻지 못하고 있는데 자공이 소위 총대(?)를 매고 스승에게 물어보러 간다.

그런데 자로의 질문이 좀 이상하다. 제자들이 궁금해 하는 것은 공자가 현재의 위나라 임금을 도울 것인지 여부인데 뜬금없이 백이 숙제를 들먹인다. 백이와 숙제는 고죽국孤竹國의 왕자들이었다. 백이가 첫째이고 숙제가 셋째인데 이들의 아버지 고죽군孤竹君이 죽으면서 셋째인 숙제를 후계로 삼았다. 그런데 숙제는 장자 상속의 원칙에 따라 큰 형인 백이가 왕위에 올라야 한다며 그 자리를 양보했다. 이 때 백이는 아버지의 뜻을 거역할 수 없다며 도망을 갔고, 숙제도 왕위를 받지 않고 따라 도망을 가서 남은 백성들은 둘째를 왕으로 옹립했다. 나중에 무왕武王이 은殷을 멸망시키고 주周나라를 세웠을 때, 백이와 숙제는 자신들은 은殷의 백성들로서 주周나라의 녹祿을 먹을 수 없다하며 주나라를 떠나 수양산에서 고사리를 캐 먹으며 살다 굶어 죽었다고 전해진다.

공자는 이런 삶을 산 백이와 숙제를 현인賢人이라고 평가한다. 그런데 자공이 알고 싶은 것은 백이숙제에 대한 공자의 평가가 아니다. 공자의 속내를 알고 싶은 자공은 넌지시 혹시 그들이 죽기 전에 자신의 삶을 후회하거나 세상을 원망하지는 않았을 것인지 물어본다. 멋있게 왕위를 버리고 고국을 떠난 것까지는 좋은데 그 이후의 삶은 고죽국의 왕자로 살았던 삶에 비해 가난하고 힘들었을 것이다. 고된 삶을 살다보니 그렇게 고국을 떠난 것을 후회하지는 않았을까? 은을 멸망시킨 주를 떠나 수양산에 들어온 것까지는 좋은데, 고사리를 캐먹을 정도로 먹을 것이 없어 굶주리다 죽어가면서 자신들을 이렇게 내몬 세상을 원망하지는 않았을까? 이에 공자는 백이숙제에게 후회와 원망은 없을 것이라고 단호하게 말한다. 그들은 인仁을 구하는 삶을 살았고 그 결과로 힘들고 고된 삶을 살더라도 결국 인仁을 얻었기 때문이다. 이런 공자의 대답을 들은 자공은 공자가 위임금인 첩輒을 도와주지는 않을 것이라고 결론짓는다.

왜 자공은 공자에게 위나라 임금을 도울지 여부를 '직접' 물어보지 않고 에둘러 백이숙제의 예를 꺼낸 것일까? 직접적인 질문을 던져 공자의 대답을 듣는다면 정확한 답을 얻었다고 생각할 수도 있다. 그런데 '예'와 '아니오'중에서 선택된 그 답이 정말로 '정확한' 답일까? 만일 공자가 돕겠다고 한다면 그 다음에는 어떤 이유로 돕는지 궁금하다. 그 이후에는 어느 정도까지, 어떤 방법으로 도울지도 궁금하다. 이렇게 한 발 한 발 들어가다 보면 '정확한' 답이 어디까지인지 알기 쉽지 않다. 어쩌면 '정확한' 답은 직접적인 물음이 아니라 간접적인 은유와 비유로 얻을 수 있을지도 모른다.

법정드라마를 보다보면 검사 또는 변호사가 증인을 심문하는 장면이 나온다. 이때 증인이 자신의 입장을 조금이라도 길게 설명하려다 보면 심문하는 자는 증인의 말을 자르고 '예, 아니오'로 답을 하라고 한다. 전지적 시점에서 사건의 전말을 알고 있는 우리는 '예, 아니오'라는 답을 얻고자 하는 '직접적인' 질문이 사건의 실체에 다가갈 수 없다는 것을 안다. 왜냐하면 사건의 실체는 보이지 않는 무수히 많은 중층적인 관계망 안에 있고, 겉으로 드러나는 것은 그 중에서도 우리 눈에 보이는 일부이기 때문이다. 우리가 살면서 하는 여러 선택도 마찬가지이다. 어떤 한두 가지의 이유로 그 선택을 했다고 생각하는 경향이 있지만 의식적이거나 무의식적인 무수히 많은 결정 요인들이 그 선택에 이르게 한다. 이렇듯 세상에는 직접적으로만 보려 해서는 볼 수 없는 요인들이 많이 있다. 그래서 부처가 설법할 때나 예수가 복음을 전할 때도 끊임없이 비유를 들었던 것이다.

자공이 스승에게 언어의 귀재로 인정받은 이유는 화려한 수사나 치밀한 논리 때문만이 아니다. 자공은 때로 직접적 질문으로는 원하는 답을 얻을 수 없다는 것을 알았다. 비유와 예시로 에둘러 하는 간접적 질문이 훨씬 풍부하게 공자의 의도를 알 수 있게 한다.

자공의 질문 중에서는 스승에게 자신을 평가해 달라는 당돌한 물음도 있다. 이는 다른 제자들에게서 찾아 볼 수 없는 질문이다.

　　자공이 "저는 어떻습니까?" 하고 묻자, 공자가 "너는 그릇이다."
라고 하였다. "어떤 그릇입니까?" 하고 묻자, "호련이다."하고 대답
하였다.

　　자공이 이번에는 스승에게 자신은 어떤지 묻는다. '스승님, 저에
대해서 평가를 해 주십시오.' 이렇게 대놓고 묻는다는 것은 어느 정
도 자신이 있기 때문이 아니었을까? 나름대로 많은 학습을 했고 성
장을 했으니 어느 정도의 칭찬을 바랐을 것이다. 그런데 공자는 자
공에게 '그릇器'이라고 말했다.

　　공자는 평소에 이야기하기를 군자君子는 그릇이어서는 안 된다고
말했다.[32] 모든 그릇에는 이미 쓰임새가 정해져 있다. 밥그릇에는 밥
을 담고, 국그릇에는 국을 담고, 접시에는 그에 맞는 음식을 담는다.
음식을 담는 그릇 이외에도 크고 작은 그릇마다 개개의 용도가 있
기 마련이다. 물론 급할 때는 접시에 밥을 담아 먹을 수도 있겠지만
그것은 예외적인 경우이다. 그럼 공자가 생각할 때 군자는 어떤 사
람이어야 하는가? 이미 정해진 용도를 가진 그릇이 아니라 그 그릇
을 적재적소에 쓸 수 있는 사람이어야 한다. 평소에 그런 가르침을
주던 사람이 자공을 보고 그릇이라고 말한 것이다. 이 말은 달리 표
현하면 '자공 너는 군자가 아니야'라는 말과 같다.

　　공자의 문하門下는 예비지도자 양성소라 할 수 있다. 봉건 질서가
잘 유지되던 춘추시대 이전까지의 군자君子는 아비가 군자면 자식도

군자였다. 태어나면서부터 나라를 다스릴 지위와 역할을 가졌고 그렇게 훈련받으며 키워졌다. 그런데 공자가 살았던 춘추시대 말기에는 군자의 신분으로 태어난 자들에게 군자의 역할을 기대할 수 없는 시대였다. 하지만 공동체가 지속되기 위해서는 다스리는 역할을 할 군자는 필요한 법이다. 그래서 공자는 신분으로서의 군자가 아니라 역할로서의 군자를 신분에 상관없이 키우려 했다. 군자로서의 역할을 수행하도록 훈련하는 곳인 공자의 문하에서 '너는 군자가 될 수 없어'라고 말하는 것은 마치 법관이 되기 위해서 법대에 들어갔는데 교수가 '너는 법관의 자격이 없어'라는 말을 들은 것과 같다고 할까.

그런데 이 정도로 물러날 자공이 아니다. 자공의 질문은 멈추지 않는다. '그릇에도 여러 종류가 있는데 저는 그 중에 어떤 그릇입니까?' 이렇게 되묻는 제자를 보는 공자는 어떤 심정이었을까? 이 물음을 듣고 공자가 얼마나 뜸을 들였는지, 어떤 표정으로, 어떤 어조로 대답을 했는지 우리는 알 수 없다. 『논어』에 그런 세부적인 묘사가 있다면 공자의 마음을 이해하는 데 도움이 되었겠지만 안타깝게도 그런 부분은 우리의 상상력으로 메꿔야 한다. 필자는 이렇게 상상해본다. 공자는 이런 심정이 아니었을까? '이 놈 봐라, 이렇게 심한 소리를 들었는데도 그냥 물러나지 않고 되묻고 있네. 정말 궁금해서 물어보는 건가, 아니면 따져 묻는 건가? 이제 섣불리 대답하면 안 되겠네.'

공자는 자공이 호련瑚璉과 같다고 이야기한다. 호와 련은 모두 종묘宗廟에서 제사를 지낼 때 쓰이는 그릇이다. 하夏나라에서는 호瑚라 불렀고 은殷나라에서는 련璉이라 불렸는데, 모두 옥玉으로 장식된 화려한 그릇이다. 사극을 보면 신하들이 임금에게 '종묘사직을 보존하소서'라고 이구동성으로 외치는 장면이 나온다. 우리나라에도 종묘와 사직이 남아 있다. 경복궁을 등지고 서서 오른편으로 조금 가면 사직단이 있고 왼편으로 조금 가면 종묘가 있다. 사직은 땅 신社과 곡식 신稷에게 제사를 지내는 곳이고 종묘는 나라의 역대 임금들의 신사를 모신 곳이다. 종묘와 사직에서 정기적으로 거행되는 제사는 왕실의 가장 중요한 행사들로, 나라가 건재하고 번성하고 있음을 과시하는 정치행사였다. 고대 중국인들과 유교를 통치 이념으로 삼았던 조선인들에게 종묘와 사직은 나라 그 자체라고 해도 과언이 아닐 정도로 중요했다. 그런 중요한 자리에서 쓰이는 그릇이니 아마 그릇 중에서는 최고의 쓰임을 가지는 그릇이라 할 수 있다.

공자가 평소에도 자공에 대해 이렇게 생각하고 있었는지는 알 수 없다. 필자의 상상으로 이 대화는 모두 즉흥적으로 이루어진 것 같다. 마치 무림의 고수들이 서로 합을 나누는 장면이라고나 할까. 공자의 '너는 그릇이다'라는 대답으로만 대화가 끝났으면 스승의 일방적인 승리로 끝난 싱거운 대결이었을 것이다. 그런데 제자는 방심한 스승에게 일격을 가한다. '스승님, 저는 그냥 물러나지 않겠습니다. 그냥 그릇이라는 무책임한 말만 하지 마시고 수많은 그릇 중에서 저는 어떤 쓰임을 가지고 있는 그릇인지 말해주세요.' 스승은 예상치 못한 일격에 당황하지 않는다. 아니 당황했더라도 겉으로 그것을 드러내지 않는다. 그 짧은 순간에 스승은 '호련'이라는 답을 생각해냈다. 만일 스승이 어떤 그릇이냐는 제자의 물음에 '그릇이면 그냥 그릇이지 어떤 그릇이라니?'라고 묵살하거나 제대로 대답하지 못했다면 그 또한 별로 재미있는 대결이 아니었을 것이다. 그런데 이 대결은 대화 이후에도 팽팽한 긴장이 계속되는 느낌이 든다.

그릇으로서는 최고의 경지인 호련에 이르렀다는 공자의 평가는 자공이 그릇에 머물러 있다는 것인가 아니면 한 발만 더 내딛으면 그릇을 벗어날 수 있다는 인정인가? 어쩌면 공자는 '그릇이다'라는 대답에서는 전자로 생각했는데 자공의 그 다음 질문에서 후자로 생각이 바뀌었을지 모른다. 이제 공자는 자공이 계속 호련으로 머무는지, 호련이라는 그릇을 깨고 한 발 도약하는지 지켜보게 된다.

> 자공이 묻기를 "마을 사람들이 모두 좋아하면 어떻습니까?"하자, 공자가 "가하지 않다." 하고 대답하였다. "그럼 마을 사람들이 모두 미워하면 어떻습니까?"하자, 공자가 말하였다. "가하지 않다. 마을 사람 중에 선한 자가 좋아하고 선하지 않은 자가 미워해야 한다."

대부분의 사람들은 내 주변의 모든 사람들이 나를 좋아하기를 바란다. 그리고 그렇게 만들기 위해 많은 노력을 기울인다. 또한 많은 사람들이 좋아하는 사람을 좋은 사람이라 여기고, 많은 사람들이 싫어하는 사람을 나쁜 사람이라 여긴다. 자공의 물음은 이런 생각에 바탕을 둔다. 자공은 끊임없이 주변 사람들의 인정을 받기 위해 노력하는 삶을 살았다. 모든 사람들이 좋아하는 것이 어떠냐는 그의 물음에는 그런 자신의 노력을 인정받고 싶은 욕구도 섞여 있다. 그런데 공자는 칭찬은커녕 단칼에 '미가未可'라고 답한다.

초등학교에서 성적을 '수우미양가'로 매기던 때가 있다. 수秀는 빼어나다는 뜻이고 우優는 우수하다, 미美는 아름답다, 양良은 좋다, 가可는 괜찮다는 뜻이다. 가可 이상이면 합격선이다. 자공은 내심 자신의 노력에 대한 스승의 평가가 수秀 또는 우優 정도는 되기를 기대했을 텐데 공자는 가可에도 못 미친다고 잘라 말한다.

하지만 여기서 물러설 자공이 아니다. '모든 사람들이 좋아하는 게 가하지 않다면 그럼 다 싫어하면 좋다는 말입니까?'라고 마치 대드는 것처럼 물어본다. 누구나 싫어하는 삶이 좋은 삶이냐는 물음은 아무도 하지 않을 물음이다. 궤변론자가 아니라면 어느 누가 그런 삶이 좋다고 하겠는가? 그런데 자공은 모든 사람들이 좋아할 만한 사람이 되기 위해 노력하는 삶을 부정당하면서 아포리아(aporia)에 빠진다. 아포리아는 나아갈 방법(poros)이 없는(a) 상태, 곧 진퇴양난과 같은 상황을 말한다. 자공은 아포리아에서 빠져나갈 돌파구로, 누구도 하지 않을 만한 질문을 공자 앞에 던진다. 공자는 자공의 상태를 눈치챘는지 이런 말도 안 되는 질문에도 친절히 대답해준다. '누구나 싫어하는 것도 괜찮지 않다.' 공자의 대답은 누군가는 좋아하고 누군가는 싫어하는 사람으로서의 삶을 살아야 한다는 것이다.

여기서 좋아하고 싫어하는 기준으로 공자가 제시한 것은 선善이다. 여기서 한 발 더 나간다면 '선善이 무엇인가'를 물을 수 있다. 그런데 대화는 여기서 그친다. 공자와 자공이 살았던 춘추시대 말기까지는 선善에 대한 보편적인 공감대가 있었나보다. 『논어』 전편에 걸쳐 선善에 대한 언급은 자주 나오지만 선善 자체에 대한 문답이나 공자의 설명은 나와 있지 않다. 시간이 조금 지나 전국 시대에 들어서면 사람들은 선善 자체에 대해 고민하기 시작한다.

『대학大學』이나 『맹자孟子』 등 전국 시대의 유가문헌을 참고하면 유가에서 이야기하는 선을 조금은 이해할 수 있다.[33] 우리는 모두 다양한 사회적 관계를 맺으며 살고 있다. 학교에서는 학생으로 또는 선생으로, 집에서는 부모로 또는 자식으로, 직장에서는 조직의 일원으로, 또는 누군가의 벗으로 살아간다. 각각의 관계망에서 맡은 역할은 그때그때마다 다르다. 이처럼 다양한 관계에서 맡게 된 역할을 '잘' 수행하는 것이 선善이다.

우리는 모두 누군가는 좋아하고 누군가는 싫어하는 사람으로 살아간다. 모두가 좋아하거나 모두가 싫어하는 삶을 사는 사람은 없다. 다만 누군가 나를 싫어하는 것이 싫으니 가급적 모두가 좋아하는 삶을 살고자 노력할 뿐이다. 이 질문을 처음 던진 자공도 비슷한 상황에 처했을 것이다. 그래서 누구는 좋아하고 누구는 싫어하는 삶을 극복하기 위해 가급적 많은 사람들이 좋아할 수 있도록 노력하면서 스승에게 그에 대한 인정을 받기를 원했다.

공자의 문답을 읽다보면 그가 사고의 프레임을 전환하는 데 탁월한 사람이라는 것을 느낀다. 지금 자공의 머리에는 우리의 삶은 세 가지 모습 중 하나라는 프레임이 있다. 누구나 좋아하는 사람으로서의 삶, 누구는 좋아하고 누구는 싫어하는 사람으로서의 삶, 누구나 싫어하는 사람으로서의 삶. 만일 자공의 생각대로 사람의 삶의 형태가 이 세 가지 모습으로만 나눌 수 있다면 누구나 좋아하는 사람으로서의 삶이 가장 좋은 삶이고 누구나 싫어하는 사람으로서의 삶이 가장 나쁜 삶일 것이다. 그러니 현재 누구는 좋아하고 누구는 싫어하는 상태에서 이를 벗어나고 싶은데 누구나 좋아하는 사람으로서의 삶이 가ㅁ하지 않다면, 누구나 싫어하는 사람으로서의 삶을 살아야 하는지 물어볼 수밖에 없다.

그런데 공자는 이 프레임을 깬다. 누구나 좋아하는 사람으로서의 삶이나 누구나 싫어하는 사람으로서의 삶은 불가능하다. 우리는 누군가는 좋아하고 누군가는 싫어하는 사람으로서의 삶을 살아야 한다. 그런데 문제는 '누가' 좋아하고 '누가' 싫어하는가이다. 지금 누가 나를 좋아하고 누가 나를 싫어하는지 돌이켜보자. 내가 술을 좋아하면 술을 잘 마시는 자들이 날 좋아할 것이다. 내가 운동을 좋아하면 함께 운동을 즐길 수 있는 사람들이 날 좋아할 것이다. 내가 진보적인 성향이면 보수적인 성향의 사람들은 날 싫어할 것이다. 내가 경찰이면 범죄자들은 날 싫어할 것이다. 내가 공부를 힘들게 시키는 선생이면 공부하기 싫어하는 학생들은 날 싫어할 것이다. 이처럼 누군가 나를 좋아하고 싫어하는 무수한 기준이 있다. 공자는 그 기준을 선善에 맞추라고 한다.

다시 말하지만 공자는 선善에 대해서 구체적으로 설명하지 않았다. 그래도 우리는 대략적으로 잘한다善, 못한다不善라고 판단할 수 있는 보편적인 기준을 공유하고 있다. 좋아하고 싫어하는 기준이 되어야 할 선善이 명확하지는 않더라도 누군가가 나를 좋아할 때 또는 누군가가 나를 싫어할 때 어떤 이유때문인지 반성해볼 수 있는 계기는 될 수 있다.

자공은 공자의 이야기를 듣고 사고의 틀을 깼을까? 아니면 이전의 틀을 고집하며 살았을까? 공자를 바라보는 자공의 시선도 조금씩 바뀌고 자공도 공자의 질책과 가르침에 따라 끊임없이 변화한다.

스승의 인정 – 줄탁동시

공자가 자공에게 말하였다. "사야, 너는 내가 많이 배워서 그것을 기억하는 자라고 여기느냐?" 이에 자공이 대답하였다. "그렇습니다. 아닙니까?" 공자가 말하였다. "아니다. 나는 하나의 이치로 모든 것을 꿰뚫는다."

이제 자공이 스승을 찾아가 먼저 묻는 것이 아니라 스승이 먼저 말을 건다. 다시 한번 말하지만 공자는 스스로의 한계를 넘기 위해 노력하지 않으면 길을 열어 보여주지 않고 한 가지 이치를 튕겨주면 스스로 나머지를 알려하지 않는 자에게 다시 가르침을 주지 않는다고 했다.[34] 이전까지는 자공이 먼저 질문을 하고 거기에 공자는 때로는 냉정하게 때로는 마지못해 대답을 해주었다. 그런데 이번에는 자공을 질책하기 위해서이든 새로운 가르침을 주기 위해서이든 공자가 먼저 자공을 불러 물어본다. 이제 공자는 이전과는 다른 시각으로 자공을 바라본다. 그가 자질도 뛰어나고 노력도 많이 한다는 것을 인정하게 된 것이다. 공자가 자공을 유심히 관찰하다보니 무엇이 자공의 성장을 가로막는지 발견한다. 그것을 지적하기 위해서 그를 부른 것이다.

자공은 공자의 언행을 하나도 놓치지 않고 배우고 익히려 노력한다. 그런데 자공은 어떤 부분에서 공자를 오해하고 있었다. 공자가 많은 지식을 쌓기 위해 노력하고 또 그 결과로 지금과 같은 삶을 살고 있다고 본 것이다. 그런 모습을 닮기 위해 아마도 자공은 여러 분야의 지식을 습득하기 위해서 노력하고 있었을 것이다. 이런 자공을 불러 공자는 '네가 볼 때 내가 많은 지식을 습득하는 자라고 생각하느냐?'고 물어본다. 스승의 물음에 자공은 깜짝 놀란다. '아니, 당연하지 않습니까? 스승님은 어떤 물음에도 답을 알려주시고 어떤 상황에서도 길을 트여주시는데 그것은 많은 지식을 습득하였기 때문이 아닙니까?' 이에 공자는 그렇지 않다고 말한다. 오랜 동안 공자의 모습을 닮기 위해 노력한 자공에게는 너무도 놀라운 말이다. 그럼 지금까지 자신의 노력은 헛된 것이란 말인가? 공자는 여기에 그치지 않고 자공에게 새로운 활로를 보여준다. '나는 일이관지一以貫之하다.'

후대의 주석가들은 '일이관지'에 대해 다양한 해석을 한다. 필자는『논어』의 다른 편에서 공자가 증자와의 대화에서 언급한 내용을 소개하는 것으로 짐작하는 뜻을 나눌까 한다.

공자가 말하였다. "삼아, 나의 도는 일이관지에 있다." 증자가 "예, 알겠습니다,"하고 대답하였다. 공자가 밖으로 나가자, 다른 제자들이 증자에게 물어보았다. "일이관지라니 그게 무슨 뜻입니까?" 증자가 대답하였다. "선생님의 도는 충과 서일 뿐이다."

삼參은 증자曾子의 이름이다.『논어』에 공자 이외에 성 뒤에 스승이라는 의미의 자子가 붙은 이름은 둘이다. 한 명은 증자이고 또 한 명은 약誦이라는 이름의 유자有子이다.[35] 그래서 학자들은 『논어』를 편집한 자들이 증자와 유자의 제자들일 것이라고 추측한다. 그러니 제자들이 편집을 하면서 직속 스승을 위해 약간 윤색을 하였다는 것을 감안하고 읽어보자.

공자가 증자에게 '나의 도는 일이관지'라 말하니 증자는 즉각 '예'라고 대답하며 그 뜻을 간파했음을 보여준다. 공자가 이 말을 할 때 증자만이 아니라 주변에 다른 제자들도 있었나 보다. 그런데 증자 이외에 다른 제자들은 공자의 이 말이 무슨 뜻인지 파악하지 못했다. 그러면 자공처럼 한 발 더 나아가서 질문을 해야 할 텐데 뜻을 모르니 질문도 못한다. 그러니 자공이나 증자처럼 이름을 남기지 못했을 것이다. 스승이 나간 후에야 증자에게 그 뜻을 물어본다. 그런데 증자의 '충忠'과 '서恕'일 뿐이라는 말도 아리송하기는 마찬가지다.

충忠을 파자破子해보면 중심中心이 된다. 이는 내 마음을 온전히 다하는 것이라 풀이할 수 있다. 서恕는 여심如心, 곧 함께 하는 마음, 더불어 하는 마음으로 풀 수 있다. 충忠은 개인에게 해당되는 덕목이고 서恕는 공동체에서 타자와의 관계에서 풀어가는 덕목이다. 대부분의 사람들은 이 두 가지를 분리해서 생각한다. 자공도 마찬가지였다. 자공은 공자가 서恕를 할 수 있는 것은 먼저 충忠을 했기에 가능하다 생각하고 자신도 먼저 충忠을 이루기 위해 많은 지식을 습득하려 노력했다. 그런데 공자는 그 두 가지를 나눌 수 없다고 말한다. 서恕하지 않는 충忠은 충忠이 아니고, 충忠하지 않는 서恕는 서恕가 아니다. 다시 말하면 개인의 성장과 발전은 공동체 안에서의 자기 위치에서 가능한 것이고 공동체의 지속과 발전은 개인의 성장 발전과 함께 한다.

공자의 이런 튕겨줌은 자공에게 어떤 작용을 했을까? 증자와 함께 공자의 이야기를 들었던 다른 제자들처럼 그 뜻을 깨우치지 못하고 여전히 과거와 같은 방식으로 살았을까? 아니면 스승의 가르침대로 '일이관지'의 삶을 살기 위해 노력했을까? 아마 후자였던 것 같다. 공자는 그런 자공을 보며 흐뭇했던지 농담 아닌 농담도 건넨다.

공자께서 자공에게 말하였다. "너하고 안연하고 비교해서 누가 더 나으냐?" 자공이 대답하기를 "제가 어찌 감히 안연만 하겠습니까. 안연은 하나를 들으면 열을 아는데, 저는 하나를 들으면 둘밖에 모릅니다."하였다. 공자가 말하였다. "그렇지. 안연만 못하지. 너나 나나 안연만은 못하지."

자공만 공자에게 당돌하고 짓궂은 질문을 한 게 아니다. 공자의 질문도 상당히 짓궂다. 부모가 자식들을 비교하거나 선생이 학생들을 비교하는 것은 금기사항이다. 물론 속으로야 비교도 하겠지만 그 것을 겉으로 드러낸다면 교육에 상당히 부정적인 영향을 미칠 것이다. 그런데 공자는 대놓고 자공에게 자신이 가장 사랑하고 누구나 인정하는 뛰어난 제자인 안연과 비교해서 누가 더 나은지 물어본다. 이런 질문을 주고받을 정노로 공자와 자공의 관계가 친밀해졌다고 볼 수 있다. 그런데 공자의 이 질문에는 빠져나가기 어려운 함정이 있다. 만일 안연이 더 뛰어나다고만 대답하면 공자는 '역시 너는 너의 주제를 파악하는구나'하고 놀리면서 지나갔을 것이다. 반대로 자신이 더 뛰어나다고 대답한다면 그것은 누구도 인정하지 않는 자만自滿일 뿐이다.

역시 자공은 공자의 기대를 저버리지 않는다. 안연이 뛰어남을 인정하면서도 자신이 나은 점도 동시에 드러낸다. 안연은 하나를 들으면 열을 깨우치는 자질을 가지고 있기에 감히 겨룰 수 없지만 나도 하나를 들으면 둘을 깨우치는 수준은 된다고 넌지시 자신을 내세운다. 이는 세계적인 육상선수인 우사인 볼트와 자신을 비교해보라는 한국의 육상선수가 '어찌 제가 그 선수와 비교가 되겠어요. 저는 고작 한국 신기록밖에 가지고 있지 못한데'라고 말하는 것과 비슷하다. 안연보다 못함을 알고 있다는 겸손과 그래도 자신은 이정도의 자질은 가지고 있다는 자신감이 이 대답에서 함께 드러난다.

공자는 자공의 대답에 무릎을 친다. '그렇지 당연히 네가 안연만 못하지. 그런데 너뿐만 아니라 나도 안연에는 미치지 못한다.' 이 얼마나 솔직한 스승의 말인가? 공자는 뛰어난 안연을 질투하지 않고 자신의 현재 자질을 정확히 파악하고 있는 자공이 기특하다. '안연은 내 제자임에도 불구하고 나의 자질을 뛰어넘은 자이다. 그러니 네가 그런 안연보다 못함은 흉이 아니다. 다른 사람과 비교해서 내가 더 나은지 모자란지가 중요한 것이 아니라 지금 내가 어느 위치에 있고 어디를 향해 가는 지가 중요하다. 이제 너도 나를 뛰어넘을지 모르겠구나.'

자공의 재치 있는 대답이 아니었다면 공자의 이 물음은 후대에 남길 만한 문답이 아니라 제자를 비교하는 공자의 짓궂은 물음으로 끝났을 것이다.

여기서 한 가지 지적하고 넘어갈 것이 있다. 필자가 해석한 이 대화의 일부분은 전통적인 해석과 약간 결이 다르다. 필자가 '너나 나나 안연만 못하지'라고 해석한 '吾與女 弗如也'를 주자의 주석을 비롯한 전통적인 해석은 '나는 네가 그만 못함을 허락한다.'라고 해석한다. 한자어 여與에는 '~와'라는 뜻도 있지만 그 외에도 주다, 참여하다, 허락하다 등 여러 뜻이 있다. 필자가 여與를 '~와'로 해석한 반면에 전통적인 해석은 여與를 '허락하다'라는 뜻으로 풀이했다. 그런데 그 해석에 따라 읽으면 공자의 의도가 전혀 이해가 되지 않는다. 만일 자공이 안연보다 자신이 뛰어나다고 대답했다면 모르지만 자신이 더 못하다고 했는데 그 판단을 허락한다는 말인가? 전통적인 해석에 의지해서 『논어』를 이해하려고 했던 필자에게 이 구절은 한동안 수수께끼였다.

전통적인 해석이 이렇게 풀이할 수밖에 없는 이유는 완벽한 인간인 공자가 제자보다 자신이 못하다고 인정한다는 것을 상상할 수 없었기 때문이다. 그러니 고심 끝에 여與가 가지고 있는 여러 뜻 중에서 가장 그럴듯한 뜻을 들어 자공이 안연보다 못하다고 말한 것을 허락한다는 식으로 해석한 것이다. 이렇게 해석하게 되면 이 대화를 생생하게 살아있는 인물의 대화로 읽을 수 없다.

자공이 묻기를 "가난하면서 아첨하지 않고 부자이면서 교만하지 않으면 어떻습니까?"하자 공자가 대답하였다. "괜찮으나, 가난하면서 즐거워하며 부자이면서 예를 좋아하는 것만은 못하다." 자공이 말하였다. "시경에 '절단해 놓고 다시 그것을 간 듯하며, 쪼아놓고 다시 그것을 간 듯하다'하였으니, 이것을 말함일 것입니다." 공자가 말하였다. "사는 비로소 더불어 시를 이야기할 만하구나. 지나간 것을 말해주자 올 것을 아는구나."

'줄탁동시', 병아리가 알에서 깨어나기 위해서는 아기 새의 알 밖으로 나오기 위한 노력啐과 어미 새의 알을 쪼아줌啄이 함께 해야 한다. 이런 과정을 통해 새 생명이 알을 깨고 세상으로 나오는 장면은 기적과 같은 감동을 준다. 여기 공자와 자공이 나누는 대화에서 마치 아기 새가 어미의 도움으로 세상에 태어나는 것과 같은 '줄탁동시'의 감동을 맛볼 수 있다.

공자의 가르침을 실천하기 위해 끊임없이 노력하는 자공은 가난하더라도 그 가난을 벗어나기 위해 누군가에게 아첨하지 않고, 부자이더라도 다른 사람을 교만하게 대하지 않는 삶을 살려 한다. 아첨과 교만은 나와 남을 비교하면서 나오는 행동이다. 나보다 낫다고 여기기에 나에게 도움을 주리라 생각하는 자에게 아첨하고, 나보다 못하다고 여기기에 교만하게 대하는 것이다. 이런 비교하는 마음이 없다면 굳이 아첨할 이유가 없고 교만할 이유가 없다.

공자는 부귀富貴와 빈천貧賤은 나의 노력에 달려 있지 않다고 하였다.[36] 물론 나와 가족의 일정한 정도의 생활을 위한 노력은 반드시 해야 하는 것이고 또 노력한 만큼의 성과가 나올 수 있다. 하지만 그 이상의 부나 그 이하의 빈은 나의 의지나 노력과 무관한 외부 요인이 크게 작용한다. 그렇다면 가난하다고 자신을 낮출 필요가 없고 부자라고 자신을 높이 볼 필요가 없다. 마치 덩치가 크게 태어났다고 교만할 이유가 없고 반대로 덩치가 작게 태어났다고 남에게 아첨할 이유가 없는 것과 마찬가지이다.

누구나 쉽게 이해하고 동의할 수 있는 설명이지만, 실제 내가 가난하거나 부자일 때 자공이 이야기한 것처럼 아첨하지 않고 교만하지 않기 위해서는 많은 노력이 필요하다. 특히 평생을 가난을 모르고 살았고 항상 성공하는 삶만 살아온 자공 같은 사람에게는 더욱 쉽지 않다. 그런데 자공은 그리 살기 위해 노력하면서 공자에게 물은 것이다.

공자는 여기에 대해서 가可하다고 대답한다. 마을의 모든 사람이 좋아하면 어떠냐는 물음에 '가하지 않다未可'고 대답하고 내가 바라지 않는 것을 남에게 하지 않을 것이라는 자공에게 '네가 할 수 있는 바가 아니다'라고 일축하던 공자가 아니다. 자공의 노력을 인정한 것이다. 하지만 뛰어나거나秀 우수하지優 않고 다만 괜찮을可 뿐이다. 그럼 여기서 더 나아가기 위해서는 어떻게 해야 할까? 공자는 가난하면서 즐거워야하고 부자이면서 예를 좋아해야 한다고 말한다. 공자의 이 말이 자공의 물음과 어떤 차이가 있기에 공자는 더 낫다고 하는 것일까?

먼저 아첨하지 않고 교만하지 않는 자공의 덕목은 충동 또는 욕망을 부정하고 억누름에 있다. 인간은 각자의 생존을 위해 두 가지의 모순된 본성을 가지고 있다. 하나는 타자와의 경쟁에서 이김으로써 생존하고자 하는 본성이고 다른 하나는 타자와 협조하면서 함께 생존하고자 하는 본성이다. 그런데 전자의 본성이 후자의 본성보다 더 오래전부터 우리 몸에 새겨져 있어 좀 더 강하고 즉각적으로 드러난다. 왜냐하면 전자의 본성은 인간이 인간이기 훨씬 이전부터 진화된 본성이기 때문이다. 후자의 본성은 생명의 역사로 봤을 때 한참 후에 나타난 본성이며 지금도 끊임없이 변화하고 발전하는 본성이다. 어쩌면 역사 시대 이후 수많은 종교나 현인들의 가르침은 두 가지 본성을 어떻게 조화시킬 것이냐 일지 모른다.

전자의 본성을 이기적 본성, 후자의 본성을 이타적 본성이라고 간단히 표현해 보자. 가난할 때 아첨하고 부자일 때 교만한 것은 이기적 본성이다. 자공은 그런 이기적 본성을 억누르고 타자와 함께 공존할 수 있는 이타적 본성으로 나아가려 한다. 그리고 이는 어떻게 하면 공동체가 조화롭게 공존, 발전할 수 있는지 모색하고 있는 공자의 뜻과도 일치한다.

그럼 공자가 이야기하는 덕목, '즐거움樂'과 '예를 좋아함好禮'은 어떤 면에서 더 나아간 것인가? 먼저 즐거움에 대해 살펴보자. 공자는 '가난하면서 즐겁다'고 표현했지만 유학에서 즐거움은 빈부와 아무 상관이 없다. 가난하면서 즐겁다는 것이 부자는 즐겁지 않다는 뜻이 아니다. 빈부뿐만 아니라 어떤 외부조건도 즐거움의 절대적인 이유가 될 수 없다. 공자는 학습을 통해 기쁨을 얻고 벗과 함께 하면서 즐거움을 얻는다고 했다.[37] 기쁨은 혼자서도 얻을 수 있지만 즐거움은 누군가와 함께 함으로 얻는 것이다. 그러니 가난하더라도 남과 더불어 살 수 있으면 즐거운 것이고 부자라도 나눌 사람이 없다면 즐거울 수 없다. 그러니 즐거움은 가난이나 부와 상관없이 타자와 함께 할 수 있는 나의 능력能樂이다.

'예를 좋아함'은 어떤 의미인가? 보통 윗사람이 아랫사람에게 '예의가 없다'는 식으로 훈계하는 경우가 많다. 이는 예라는 것이 아랫사람이 윗사람을 대하는 어떤 태도라는 암묵적인 동의가 있기 때문에 그렇다. 그런데 이는 유학의 예禮에 대한 명백한 오해이다. 유학이 한漢무제 때부터 통치 이념이 되면서 예가 통치와 억압의 도구로 사용되어 왔기에 그런 오해를 할 만하다. 그런데 공자가 예와 악을 정치시스템으로 제안했을 때의 예는 통치자가 백성을 억압하는 도구의 의미가 아니었다. 공자는 임금과 신하의 관계에서 신하는 임금을 섬길 때 마음을 다해서 하고忠, 임금은 신하를 부릴 때 함부로 마음 내키는 대로 하지 말고 예를 갖춰 하라고 했다.[38] 이는 지금과 같은 법에 의한 견제 장치가 없던 시대에 지배자들의 권력을 견제하는 효과를 노린 것이다. 고대 중국에서 보편적인 법률에 의한 통치는 법가法家사상이 출현할 때까지 기다려야 한다. 그러니 권력을 가진 자들이 자기 권력을 함부로 쓰지 못하게 할 구체적 장치가 거의 없어 그들의 이해관계에 의한 절제나 도덕성에 기댈 수밖에 없었다. 공자는 예에서 바로 그런 권력을 견제할 수 있는 장치가 될 수 있는 가능성을 본 것이다.

예는 공동체의 질서를 지탱하는 근간이고 개인에게는 공동체 안에서의 자기 역할을 상기하면서 자신의 이기적 충동을 절제할 수 있게 하는 바탕이다. 즐거움과 마찬가지로 예를 좋아함은 빈부와 상관없이 중요한 덕목이다. 다만 부자 또는 권력을 가지고 있는 자들이 무례無禮할 가능성이 더 많기에 이런 표현을 쓴 것이다.

즐거움과 예를 좋아함은 아첨하지 않고 교만하지 않음이 가지고 있는 이기적 본성을 극복하고 이타적 본성으로 나아간다는 틀을 넘어선다. 즐거움과 예에는 이미 이기적 본성과 이타적 본성이 조화롭게 혼재되어 있다. 나의 즐거움은 그 즐거움을 함께 나누는 타자가 있기에 가능하고 예를 좋아함은 타자와의 관계망 안에서의 자기 위치를 즐긴다는 말이다. 다시 말한다면 자공의 덕목을 수동적/부정적(passive) 덕목이라 할 수 있고 공자의 덕목을 능동적(active) 덕목이라 할 수 있겠다.

공자의 대답을 들은 자공의 반응이 이전과는 좀 다르다. 예상치 못한 또 다른 질문으로 반격을 하는 것도 아니고 그 다음을 캐묻는 것도 아니다. 『시경』의 한 구절을 인용할 뿐이다. 인용한 시는 위풍衛風의 기욱淇奧편인데 남정네를 그리는 여인의 심정을 그린 시이다. 자공이 인용한 부분은 여인이 그리운 이의 외모를 마치 잘 갈고 닦아 만든 동상처럼 묘사한 부분이다. 자공은 이를 외면을 아름답게 꾸미는 것이 아니라 내면을 갈고 닦는다는 뜻으로 전치시켜서 사용하였다. 이 전통을 받아들여 동양에서는 성장을 위해 뼈를 깎는 노력을 하는 것을 '절차탁마切磋琢磨'라고 말한다. 자공의 대답을 들은 공자의 반응도 놀랍다. 이제야 더불어 시를 논할 수 있다고 한다. 자공은 왜 갑자기 이 시점에 시를 인용했고 공자는 또 어떻게 이를 통해 자공의 변화를 감지하게 되었을까?

이전까지의 대화를 보면 자공은 항상 어떤 경지에 오르는 것을 목표로 삼았다. 그리고 자신이 생각할 때 어느 정도의 단계에 올랐다면 물음의 형식으로 스승에게 인정받으려 했다. 지금의 대화에서도 아첨하지 않고 교만하지 않은 단계에 대한 인정을 받으려 했는데 공자는 그 다음 단계를 제시한다. 그럼 나는 어느 정도 노력해야, 어느 수준의 단계에 올라야 스승에게 인정받을 수 있을까? 그러다 문득 자공은 깨닫는다. 어떤 단계에 올라야 하는 것이 아니라 그 과정 자체가 중요하다는 점을. 어떤 목표를 이루는 것이 첫 번째가 아니라 절차탁마의 과정, 곧 학습을 통해 기쁨을 느끼고 벗과 그것을 나누면서 즐거움을 느끼는 과정이 먼저라는 점을. 공자도 말하였다. 아는 것은 좋아하는 것만 못하고 좋아하는 것은 즐기는 것만 못하다고 말이다.[39] 만일 어떤 단계와 목표를 이루는 것을 우선한다면 '절차탁마'의 과정은 즐거움이 아니라 고통일 것이다. 하지만 반복을 통해 조금씩 변화하는 그 과정에서 기쁨을 느낄 수 있고 그 변화를 함께 기뻐해주는 동료와 스승이 있다면 변화의 고통이 곧 즐거움이 된다. 이제 자공에게 절차탁마는 더 이상 목표를 이루기 위한 수단이 아니라 그 자체로 기쁨과 즐거움을 주는 과정이다.

자공이 공자의 뜻을 이제야 깨닫고 시를 인용했다면, 공자는 또한 '이심전심以心傳心'으로 자공의 변화를 알아채고 기쁨을 느끼며 함께 시를 논할 수 있는 '입실入室'을 허락한다. 이보다 더한 제자의 기쁨을, 그리고 이보다 더한 스승의 기쁨을 찾기는 어렵다.

이제 공자와 자공의 관계는 스승과 제자의 관계이면서 동시에 함께 학문을 논하는 벗이 되었다. 사제이자 벗의 관계는 공자가 죽기 전까지 계속되었고 자공은 공자가 죽고 나서 6년 동안 그의 무덤 곁에 머문다. 6년 상을 마친 후 자공은 타고난 그의 재능과 공자와의 생활을 통해 얻은 깨달음이라는 양 날개를 달고 춘추시대 말기의 혼란한 세상에서 탁월한 활약을 펼친다.

죽은 스승의 대변인

『사기』의 '중니제자열전'에서 자공의 외교적 재능과 활약상의 일부를 볼 수 있다. 제나라에서 내부권력투쟁의 시선을 밖으로 돌리기 위해 노나라를 침공하려는 움직임을 보일 때 공자는 고국인 노나라의 앞날을 걱정하며 자공에게 문제를 해결할 것을 부탁한다. 이에 자공은 제나라뿐만 아니라 진나라, 오나라, 월나라를 종횡무진 누비며 제나라의 침공을 저지하는 활약을 펼친다.[40] 이런 자공의 활약을 직접 본 많은 사람들은 때때로 죽은 스승과 그를 비교하는 이야기를 한다. 사실 그들의 시각으로 본다면 공자는 한 때 노나라에서 대사구의 벼슬을 하긴 했지만 그 기간이 길지 않고 13년 동안 여러 나라를 전전하면서 일자리를 구하려다 실패한 별 볼 일 없는 사람이다. 그에 비해 자공은 정치와 외교에 있어 탁월한 활약을 펼치고 있으니 자공이 스승보다 더 뛰어나 보이는 건 어쩔 수 없을 터이다. 이런 말을 들을 때마다 자공은 항상 스승을 변호한다.

숙손무숙이 조정에서 대부들에게 말하기를 "자공이 공자(중니, 仲尼)보다 낫다"라고 하였다. 자복경백이 이를 자공에게 말하자, 자공이 다음과 같이 말하였다. "궁궐의 담장에 비유하면 나의 담장은 어깨에 미쳐 담을 넘보기만 하면 집안의 좋은 것들을 들여다 볼 수 있거니와, 선생님(공자)의 담장은 매우 높아서 들어가는 출입문을 찾아 들어가지 못하면 종묘의 아름다움과 백관의 많음을 볼 수가 없다. 그 문을 얻는 자가 많지 않으니, 숙손무숙이 그렇게 말하는 것이 당연하지 않은가."

숙손무숙은 노나라 대부大夫이다. 그는 평소에 다른 대부들에게 자공이 그의 스승인 공자보다 더 낫다고 말하고 다녔다. 이를 전해 들은 자공은 탁월한 비유를 들어 그의 이런 평가를 일축한다. 그는 자신과 스승의 차이를 궁궐에 비유하며 설명한다. 자공이라는 궁궐은 그 담장이 사람의 어깨 정도 높이밖에 되지 않아 지나가면서 그 안에 무엇이 있는지 누구나 볼 수 있다. 궁궐은 여느 일반 집과 다르게 왕이 사는 곳이니 화려하게 장식되어 있을 것이다. 그러니 그 안을 들여다 본 사람들은 다들 궁궐의 화려함을 알 수 있다. 이는 마치 모든 사람들이 자공의 활약상을 눈으로 보면서 그를 칭찬하는 것과 같다. 그런데 공자의 궁궐은 담장이 10미터가 넘는다. 그러니 담장 밖에서는 그 안에 무엇이 있는지 알 도리가 없다. 안을 보기 위해서는 궁궐 안에 있는 자의 초대를 받아 출입문으로 들어가는 수밖에 없다. 그러니 소수의 사람만이 궁궐 안에 들어가 그 웅장함과 화려함을 감상할 수 있고 초대받지 못한 대부분의 사람들은 오직 담장만을 구경할 뿐이다.

고대 로마의 카이사르는 사람들은 자기가 보고 싶어 하는 것만을 본다는 말을 많이 했다고 한다. 이를 조금 변주하면 사람들은 자기가 볼 수 있는 것만을 본다고 할 수 있다. 세종이 한글을 만들고 반포할 때 대부분의 관료들은 세종이 본 것을 보지 못했다. 세종은 백성들이 한글을 익혀 나라의 정책을 글로 이해하고 자신의 의견을 서로 교환하는 활력 있는 미래의 모습을 보고 그 어려운 일을 추진했을 것이다. 임진왜란 이후 이순신 장군이 왜적의 재침공에 대비하기 위해 준비하던 모습은 선조를 비롯한 조정의 눈에는 반란을 도

모하는 것으로 보였다. 이순신 장군은 지금은 왜적을 물리쳤지만 조만간 다시 쳐들어 올 것을 내다보고, 그것을 대비하기 위해서는 군비를 강화해야 한다고 생각했지만, 다른 이들은 이후에 벌어질 권력의 암투만을 본 것이다.

숙손무숙도 자기가 볼 수 있는 것만을 보는 자이다. 그는 공자의 궁궐에 초대를 받지도 못했고 궁궐에 들어가기 위한 출입문을 찾으려는 노력도 하지 않은 자이다. 그런 그의 눈에는 높은 담장밖에 보이지 않으니, 공자의 궁궐이 담장 너머로나마 그 안을 눈으로 볼 수 있는 자공의 궁궐과 비교해서 초라하다 여기는 것이 당연하다.

우리도 대부분 숙손무숙과 다르지 않다. 카이사르의 말처럼 보고 싶은 것만을 보려 하거나 볼 수 있는 것만을 본다. 그렇다고 꼭 숙손무숙과 같으라는 법은 없다. 숙손무숙의 문제는 공자의 초대를 받은 자공이 보는 것을 보지 못해서가 아니라 자신이 보는 것만이 전부라고 생각하는 것이다. 내 눈에 보이는 것이 혹시 내가 보고 싶기 때문에 보이는 것은 아닌지, 그 이면에 아직 내가 보지 못하는 것이 있지는 않은지를 항상 염두에 둔다면 숙손무숙과 같은 경솔한 행동은 하지 않을 것이다. 혹시 아는가, 그러다 보면 누군가의 초대를 받아 높은 담장 안을 볼 수 있는 출입문을 발견할 수 있을지.

죽은 공자를 험담하는 자는 숙손무숙뿐만이 아니었다. 하다못해 자공의 제자들 중에서도 스승인 자공과 스승의 스승인 공자를 비교하는 자들이 있었다. 그때마다 자공은 때로는 에둘러서, 때로는 직접적으로 공자를 변호했다. 어떤 제자들은 공자보다 먼저 세상을 뜨기도 하고 어떤 제자들은 공자가 죽은 후에 공자의 가르침과는 다른 행보를 보이기도 했지만 자공은 끝까지 말로써, 그리고 행동으로써 공자의 길을 따랐다. 자로가 공자의 영원한 동반자라고 한다면 자공은 공자의 영원한 대변인이라 할 수 있다.

3장

공자의 분신 안연(顔回)

자로와 자공에 비해서 안연의 드라마는 상대적으로 재미가 적다. 안연은 자로처럼 공자와 티격태격하며 다투는 일도 없었고 자공처럼 드라마틱한 변신을 겪은 것도 아니다. 지금까지 살펴본 자로와 자공뿐 아니라 안연편 다음에 살펴볼 다른 제자들도 공자에게 크고 작은 꾸지람을 듣는다. 그런데『논어』전체를 아무리 뒤져봐도 공자가 안연에 대해서는 사소한 잘못 하나라도 지적하는 장면을 찾아볼 수 없다. 하다못해 공자 자신도 실수를 하고 후회를 하고 분노를 하는데 안연은 그냥 안연이다. 집안이 가난하다는 것을 빼고는 모든 것이 완벽하다. 아니, 가난조차도 그의 성품을 드러내는 보조 장치이다.

공자는 그런 안연을 자신의 분신처럼 여겼다. 다른 제자들 앞에서도 수시로 그를 칭찬한다. 때로는 안연과 다른 제자를 비교하는 말도 서슴지 않는다. 그런데도 다른 제자들이 안연을 질투하거나 험담한 흔적은 보이지 않는다. 아마 안연의 처신이 스승의 사랑을 독차지하면서도 우쭐해하지 않고 겸손했나 보다. 이런 그의 처신이 다른 제자들도 안연이 스승의 인정을 받을 만하다고 느끼게 했는지 모른다.

그런 안연이 젊은 나이에 목숨을 잃는다. 이 때 안연의 나이를 혹자는 30여 세, 혹자는 40여 세라고 한다. 공자는 안연의 죽음 앞에 몸 한 쪽이 떨어져 나가는 것과 같은 아픔을 느끼고 그 아픔을 숨기지 않는다. 그리고 죽을 때까지 그를 그리워한다.

어질구나, 안연이여

> 공자가 말하였다. "내가 회(안연)과 함께 온종일 이야기를 하는
> 동안 내 말에 한 번도 토를 달지 않기에 어리석구나 생각했었다.
> 그런데 이야기를 마치고 나간 뒤에 생활하는 것을 보니 나와 나누
> 었던 이야기를 곰곰이 되씹으며 그 이치를 드러내는구나. 이를 보
> 고 어리석다고 한 내 생각이 잘못되었다는 것을 알았다."

　안연이 공자와 대화를 나누는 분위기는 자로 또는 자공과 다르
다. 안연은 스승의 이야기를 가만히 듣거나 혹 스승이 물어보는 말
에만 정성을 다해 간단히 대답한다. 자로처럼 투덜대며 대들거나 자
공처럼 캐묻는 법이 없다. 그래도 하루 종일 대화를 나누다보면 이
해되지 않거나 이치에 어긋난다고 느끼는 부분도 있을 만한데, 안연
은 그런 기색도 없이 하루 종일 묵묵히 공자와 다른 제자들의 문답
을 듣고 있다. 이런 안연을 보며 공자는 혹시 안연이 무슨 말인지 이
해하지 못해서 아무 말도 못하는 것은 아닌지 의심한다. 평소 언행
이 자신을 내세우지 않고 항상 겸손한 태도를 취하고 있으니 겉으
로 보기에는 어리석어 보였을 것이다.
　만일 공자가 보통의 스승이었다면 어리석어 보이는 안연에 대해
서 별 신경을 쓰지 않았을 것이다. 훨씬 질문도 잘하고 이해도 잘하
는 똑똑한 제자들이 많은데 왜 어리석은 제자에게까지 신경을 쓰겠
는가. 그런데 공자는 마음 한구석에 그런 안연이 신경 쓰였나 보다.
기회가 될 때 그의 일상생활을 관찰하면서 그의 다른 면을 보게 된
다. 안연은 일상에서 스승과 나누었던 대화를 되풀이하여 곰씹고 반

성하면서 그 뜻을 깨우치고 있었다. 공자는 스스로 몸부림치며 문제를 관통하려憤悱하지 않으면 열어주고 밝혀주지 않는다고 이야기했다.[41] 그런데 안연은 분비憤悱할 뿐만 아니라 스스로가 열고啓 밝히기까지發 한다. 이러니 자공이 안연에 대해 하나를 들으면 열을 깨우친다고 할 수밖에 없다.

공자는 안연을 다시 보게 되었다. 안연은 어리석지 않을 뿐만 아니라 자신을 넘어서는 재능까지 가지고 있는 것 같았다. 맹자는 군자에게는 세상에서 세 가지 큰 즐거움이 있다고 했다. 하나는 부모님이 생존해 계시고 형제가 무고한 것이고, 그 다음은 하늘을 우러러 부끄러움이 없이 사는 것이며, 마지막은 천하의 영재를 얻어 그를 가르치는 것이다. 이는 왕이 되어 천하를 다스리는 것과는 비교가 안 되는 즐거움이다. 공자는 안연을 통해 큰 즐거움 중에 하나를 얻게 되었다.

공자가 말하였다. "회(안연)는 그 마음이 3개월 동안 인을 떠나지 않고, 그 나머지 사람들은 하루나 한 달에 한 번 인에 이를 뿐이다."

인仁은 『논어』에서 60번이 넘는 장章에서 등장한다. 많은 제자들이 공자에게 인仁에 대해 물어보고 공자는 제자들의 성향과 상황에 따라 다른 대답을 해준다. 공자 또한 평소에 인仁에 대해 다양한 이야기를 했다. 인仁은 공자가 가장 중요하게 여기는 덕목이라고 해도 과언이 아니다.

그러나 공자가 여러 번에 걸쳐 인仁에 대해 이야기했는데도 인仁이 무엇인지 명확하게 알기 어렵다. 공자는 제자들 중에서 뛰어나다고 할 수 있는 자로, 염유, 공서화의 경우에도 그들이 인仁한지 모르겠다고 한다.[42] 인용한 구절에서도 안연을 제외한 나머지 사람들은 하루에 한 번 또는 한 달에 한 번 인에 이를 뿐이라고 말하니 인仁은 보통 사람이 가질 수 있는 덕목이 아닌 것 같다.[43] 그런데 공자는 다른 곳에서 인에 대해 모순되는 이야기를 한다. 내가 마음만 먹는다면 인仁은 나에게서 멀리 있지 않고 가까이 있다는 것이다.[44] 인仁은 도대체 아무나 오를 수 없는 경지인가 아니면 누구나 마음만 먹으면 가까이 할 수 있는 덕목인가?

인仁을 파자破字하면 사람人이 둘二이 있는 모습이다. 인은 즐거움樂과 예禮처럼 혼자가 아니라 둘 이상의 사람이 모인 공동체에서 형성되는 것이다. 이를 간단하게 표현하면 타인의 마음에 공감하는 능력이라 할 수 있겠다. 그 중에서도 고통 받는 마음에 공감하는 것을 인仁이라고 할 수 있다. 자공이 절차탁마를 인용한 대화를 설명하면서 사람의 이기적 본성과 이타적 본성에 대해서 이야기했다. 타인의 마음에 공감한다는 것은 이기적 본성이기보다는 이타적 본성에 가깝다. 가난한데 아첨하려 하거나 부자인데 교만한 마음을 억누르는 것처럼, 이기적 본성을 억누르고 이타적 본성을 드러내려는 노력은 쉽지 않다. 이럴 경우라면 하루나 한 달에 한 번 인에 이르는 것도 쉽지 않을 것이다. 그런데 만일 가난하더라도 즐겁게 사는 능력이 있고 부자이면서 예를 좋아하는 경지라면, 곧 이기적 본성과 이타적 본성이 나뉘지 않고 타자와 공존하는 삶을 즐길 수 있다면 그런 상태에 계속 머물 수 있을 것이다.

안연은 아마 이런 경지에 이르렀나보다. 그러니 3개월이나 인에 머무를 수 있지 않았겠는가. 여기서 삼 개월三月은 물리적인 90일의 시간을 이야기하는 것이 아니다. 우리가 어떤 일에 대해서 정성을 다하고자 하는 경우 백일 정성을 들인다고 표현한다. 이때의 백일과 비슷한 표현이 삼 개월三月이다. 곧 오랜 시간동안 인仁에 머문다는 말이다. 자신과 타자가 분리되지 않는 경지에 이름으로 안연의 인仁은 자기의 이기적 본성을 억누르면서 도달하는 것이 아니라 자연스러운 삶이 되었다. 공자는 그런 안연을 알아보았고 그에게서 자신이 이야기하는 인仁의 전형을 발견했다.

> 공자가 말하였다. "어질구나. 안연이여. 한 대그릇의 밥과 한 표주박의 물로 끼니를 때우면서 누추한 마을에서 사는 그런 가난한 삶을 다른 사람들은 견뎌내지 못하면서 근심과 걱정으로 지새우는데, 안연은 그 즐거움을 바꾸려 하지 않는구나. 어질구나! 안연이여."

안연은 '빈이락貧而樂'의 전형이다. 초라한 식사와 누추한 집이지만 가족과 이웃과 더불어 사는 즐거움을 누릴 줄 안다. 그런 가난에 처한다면 다른 사람들人은 항상 걱정과 근심憂에 싸여 어떻게 하면 그 가난에서 벗어날 수 있을까 궁리하며 살 것이다. 그러다 보면 누군가에게 아첨도 하지 않겠는가. 그런데 안연에게 가난은 큰 상관이 없다. 중요한 것은 즐김樂이다. 그러니 가난에서 벗어나더라도 그것이 즐거운 삶이 아니라면 그것을 바꾸려 하지 않는다.

　그럼 유학자들은 가난하게만 살아야 하는가? 그렇지 않다. 가난해'도' 즐거운 것이지 가난해'야만' 즐거운 것은 아니다. 부자가 되고 신분이 높아지는 것은 누구나 바라는 바이고 가난하고 비천해지는 것은 누구나 싫어하는 바이다. 문제는 부귀를 추구하면서, 또는 빈천에서 벗어나려 하면서 정작 즐거움樂을 버리고 고통苦에 빠지는 것이다.[45] 부귀와 빈천은 즐거움과는 크게 상관이 없다. 즐거움은 함께 하는 삶에서 나온다. 그런데 정작 사람들은 부귀에 즐거움이 있다고 여겨 즐거움의 근원인 타자와의 관계를 해치면서까지 그것을 얻기 위해 노력하기 때문에 문제이다.

　공자는 부자가 되어서는 안 된다는 말을 한 적이 없다. 다만 그것이 불의不義한 방법으로 얻은 것이라면 가차 없이 버리라 한다.[46] 나라에 도道가 사라졌을 때, 부귀는 불의의 결과가 되기 십상이다. 그래서 무도無道할 때 부귀를 얻었다면 부끄러워해야 한다. 하지만 나라에 도道가 세워져 있다면 정당한 방법으로 부귀를 얻을 수 있다. 그래서 도가 있는데도 가난하고 천하다면 그것도 또한 부끄러워해야 한다.[47] 우리 시대는 무도無道한 시대일까, 유도有道한 시대일까? 아마 전적으로 무도하거나 전적으로 유도한 시대는 없을 것이다. 노력은 하되 부귀를 얻더라도 나만의 능력으로 된 것은 아니고 빈천해지더라도 내가 잘못해서만은 아니라는 태도, 그리고 빈천에서 벗어나 부귀를 얻기 위한 노력만이 아니라 타자와 함께 사는 즐거움을 얻으려 더 힘쓰는 삶, 이것이 공자의 가르침이요 안연의 삶이다.

분신의 죽음

제자이지만 공자가 때로는 삶의 본으로 삼으며 배우는 대상으로 여겼고, 본인이 죽으면 자신의 뜻을 이어받을 후계자로 생각한 안연은 불행히도 스승보다 훨씬 일찍 죽음을 맞이한다. 공자는 안연이 죽기 전에 자식의 죽음도 겪었다. 그런데 공자는 자식의 죽음보다 안연의 죽음에 더 아파한다.

안연이 죽자, 공자가 말하였다. "하늘이 나를 버렸구나. 하늘이 나를 버렸구나."

공자에게 안연의 죽음은 여러 제자 중 한 명의 죽음이 아니었다. 아우구스티누스는 사랑하던 친구가 죽었을 때 몸 한 쪽이 떨어져 나가는 것과 같은 느낌이었다고 신 앞에서 고백했다. 공자의 심정은 아마 이보다 더하면 더했지 못하지는 않았을 것이다. 안연이 죽었는데 공자는 하늘이 자신을 버렸다고 울부짖는다. 공자는 안연을 자신의 분신으로 여겼기에 그의 죽음은 공자 자신의 죽음이기도 하다.

안연이 죽자, 공자가 곡을 하면서 애통해했다. 종자가 말하였다. "선생님께서 지나치게 애통해하십니다." 공자가 말하였다. "내가 그랬느냐? 하지만 저 사람을 위해 애통해하지 않고 누구를 위해 애통해하겠느냐?"

공자는 안연의 주검 앞에서 통곡을 한다. 공자는 평소에 슬픔의 감정을 표현하더라도 몸을 상할 정도가 되어서는 안 된다고 이야기했다.[48] 그런데 공자가 통곡을 하니 공자를 모시던 종자가 그것을 넌지시 지적한다. 이 말을 들은 공자는 순간 아차 싶었나 보다. 종자의 이야기를 듣고 반문을 한다. '내가 그렇게 지나치게 통곡을 했더냐?' 하지만 바로 이어서 말한다. '사랑하는 사람을 잃게 되었는데 그를 위해서 슬픔을 표현하는 것이 당연하지 않은가.'

필자가 생각할 때 공자의 위대한 점은 '태어날 때부터 모든 것을 아는'[49] 한 점의 오류도 없는 성인聖人이어서가 아니라 이런 인간적인 면에 있다고 본다. 그는 때로는 모순되는 말을 할 때도 있으며 지금처럼 이전에 했던 말과 어긋나는 행동을 할 때도 있다. 『논어』는 한 사람이 일정한 시간 동안의 체계적이고 논리적인 사고를 정리한 것이 아니라 공자가 살아오면서 했던 말과 행동을 선택해서 기록한 책이다. 그러다보니 모순되어 보이는 언행도 실려 있다.

한 사람의 생이라는 것이 항상 일관된 것은 아니다. 필자의 경우도 젊었을 때 했던 언행들을 돌이켜볼 때 부끄러움을 느끼는 장면이 한두 가지가 아니다. 우리는 모두 지금까지의 경험과 능력을 종합하여 그때그때 판단하고 선택하면서 살아간다. 더 풍부한 경험을 하고 성장을 하면서 이전을 돌이켜 반성해보면 당시 내린 판단과 선택이 적절치 못했다고 생각될 때도 있다. 그럴 경우 우리는 과거의 선택과 판단을 고집하고 살아야 하는가, 아니면 현재의 내가 다시 판단하고 선택해야 하는가? 공자는 항상 후자의 삶을 살았다. 이전의 언행은 지금의 그를 얽매지 않았다. 물론 과거의 판단과 선택에 대해서는 지금의 내가 책임을 져야 한다. 하지만 그것이 현재의 나를 옥죄어서는 안 된다.

공자의 손자인 자사子思가 공자의 사상을 정리해서 편찬한 것으로 알려진 『중용中庸』에 인간의 정서에 대해 다음과 같은 표현이 나온다.

기쁘고 화나고 슬프고 즐거움의 정서가 아직 밖으로 드러나지 않은 상태를 중(中)이라 하고, 그 정서가 밖으로 드러나서 상황에 잘 들어맞았을 때(中節)를 화(和)라고 한다.[50]

사람이라면 희로애락喜怒哀樂의 정서의 지배를 받는 것은 피할 수 없다. 바라는 바가 이루어질 때 기쁘고, 이루어지지 않을 때 슬프고, 누군가 나를 해치거나 불의한 행동을 하는 것을 볼 때 분노가 치밀고, 뜻이 맞는 자와 함께 좋은 시간을 보낼 때 즐거운 것은 사람이라면 보편적으로 드러나는 정서이다. 필자도 사람이다 보니 상황에 따라 나도 모르게 희로애락의 감정이 밖으로 나타난다.

언젠가 갑자기 화가 치미는 상황이 되었을 때 문득 이런 의문이 들었다. 성철스님과 같이 평생을 수행을 하고 깨달음에 이른 분들은 이런 상황에서도 화가 나지 않을까? 우리네 보통 사람의 차원을 넘어섰다고 한다면, 같은 상황이라도 나처럼 화를 내지는 않을 것 같았다. 그런데 희로애락의 감정을 느끼지 않는다면 사람이 바윗덩이와 무엇이 다르겠는가. 문제는 감정을 드러내느냐 감추느냐가 아니라 언제 어떻게 드러내느냐이다. 대부분의 사람들은 적절한 상황인지 여부와는 상관없이 희로애락의 감정을 드러낸다. 아니, 내가 드러낸다기보다 감정이 알아서 드러나는 경우가 대부분이다. 공자는 기쁠 '때' 기뻐해야 하고 화가 날 '때' 화를 내야하고 슬플 '때' 슬퍼

해야 하고 즐거울 '때' 즐거워해야 한다고 했다. 상갓집에 가서 기뻐하고 결혼식에 가서 슬퍼하면 안 되지 않는가.

안연의 죽음 앞에서 공자는 자신의 슬픔과 고통을 표현했다. 주변에서 보기에 그의 슬픔은 좀 지나친 것 같다. 몸이 상할 정도로 통곡하는 것을 보고 종자從者가 지적을 했을 때 공자는 순간 움찔하기는 했지만, 사랑하는 제자의 죽음 앞에서 이렇듯 지나쳐 보일 정도로 슬픔을 드러내는 것이 '시중時中'이라고 다시 생각했을 것이다.

> 안연이 죽자 그의 아비인 안로가 공자의 수레를 팔아 관의 외관인 곽을 만들 것을 청하니, 공자가 말하였다. "재주가 있든 없든 각자 자기 아들은 소중한 법이다. 내 아들인 리(鯉)가 죽었을 때에도 관만 있었고 곽은 없었다. 내 아들이 죽었을 때 수레를 팔아 곽을 만들어주지 않은 것은 내가 나라에서 대부의 지위인 상황에서 걸어 다닐 수가 없기 때문이다."

이제 슬픔을 어느 정도 갈무리하고 예를 다해 안연을 보내줘야 할 때이다. 소중한 사람을 보낼 때 예와 정성을 다해서 보내고 싶은 것은 인지상정이다. 공자에게 수레를 팔아 관의 외관인 곽을 만들 것을 부탁한 안로는 안연의 아버지인데 안연보다 먼저 공자의 제자가 된 자이다. 곽槨은 시신이 담긴 관棺을 담는 외관이다. 곽은 관보다 더 두꺼운 나무로 크게 만들기에 훨씬 많은 비용이 든다. 게다가 실용적인 이유보다는 장식의 목적이 더 크기에 일반 백성들은 사용하지 못하고 재산이 많거나 사회적 지위가 높은 사람의 장례에 사용했다.

안로는 그리 아끼던 제자의 죽음이니 마지막 가는 길을 화려하게 장식하고 싶은 아비의 마음도 이해해서 스승도 흔쾌히 동의해 줄 것이라 기대하고 공자에게 부탁을 했다. 그런데 공자의 대답이 의외이다. 단칼에 거절한 것이다. 공자가 거절한 이유가 수레가 아까워서일까? 옛 문헌에 이런 일화가 전해진다. 공자가 머물던 여관주인이 상喪을 당했을 때 수레 옆에 예비로 가지고 다니던 곁마를 부의한 적이 있다. 친지도 아니고 제자도 아닌 자의 상에도 아끼지 않고 부의를 했는데 제자의 죽음에 수레를 아낀다는 것은 이해하기가 어렵다.

앞에서도 잠깐 언급을 했지만 안연이 죽기 전에 공자는 아들을 먼저 보냈다. 비록 안연이 아들보다 재주가 더 뛰어났다 하더라도 안연이 정신적인 분신이라면 아들은 육체적인 분신이었다. 공자는 그런 아들이 죽었을 때도 곽을 만들어주지 않았다. 그 이유는 그런 행위가 예禮에 어긋나기 때문이다. 수레를 팔아 곽을 만드는 것은 두 가지 이유에서 예禮에 어긋난다. 첫째, 당시 대부大夫 이상의 지위를 가진 자는 거리를 다닐 때 걸어 다녀서는 안 되었고 수레를 이용하는 것이 예이다. 형식적인 예법이 많이 완화된 현대 사회에서는 이해가 안 될지 모르겠지만, 예라는 것이 어느 시대나 장소에 상관없이 똑같이 적용되는 절대적인 형식이 아니라 시대와 상황에 따라 적절한 사회관계를 표현하는 형식이기에 수천 년 전 고대중국의 예법이 옳고 그른지를 우리가 판단할 수는 없다. 곽을 만들기 위해 수레를 판다면 공자가 외부에 나갈 때 걸어 다녀야만 하는데 이는 대부大夫인 공자의 신분에 어긋나는 행위이다. 둘째, 공자의 수레는 사적으로 구입한 것이 아니라 임금이 하사한 것이다. 임금이 하사한 물건을 마음대로 판다는 것은 임금에 대한 예에 어긋나는 것이다. 그런데 안로는 자식을 잃은 슬픔에 휩싸여 이런 예의 어긋남을 보지 못하고 있다. 공자가 안연의 죽음에 얼마나 아파하고 충격을 받았는지 앞 구절에서 살펴보았다. 그의 고통은 어쩌면 아비인 안로이상일지 모른다. 그런 와중에도 공자는 예禮를 잊지 않고 있는 것이다.

> 안연이 죽자 문인들이 후히 장례를 치르려 하니, 공자가 "그리하면 안 된다."고 만류하였다. 그런데도 문인들이 후히 장례를 치르자, 공자가 말하였다. "안연은 나를 아버지처럼 여겼는데, 나는 그를 자식처럼 대하지 못하는구나. 이것은 내가 원해서 그렇게 한 것이 아니라 저들이 한 것이다."

슬픔에 빠져 주변을 돌아보지 못한 이는 안로만이 아니었다. 안연의 동료들도 마찬가지였다. 공자가 편애(?)한 제자인데도 동료들이 그의 죽음을 함께 애통해하는 것을 보니 안연의 인품이 대단했나 보다. 동료들은 공자에게 안연의 장례를 후하게 치르고 싶다고 말한다. 그런데 공자는 그들에게 안 된다고 대답한다. 불가不可는 해도 되고 안 해도 되는 정도可가 아니라 절대 안 된다는 뜻이다. 그런데 동료들은 공자의 뜻을 어기고 후한 장례를 치른다. 나쁜 의도가 아니며 죽은 안연을 위한 행위이니 크게 봐서 공자의 뜻에 어긋나지 않는다고 여겼는지 모른다. 하지만 공자는 후한 장례를 보고 나서 탄식을 한다. 안연은 자신을 아버지처럼 여기고 대했는데 마지막 가는 길에 자신은 안연을 자식으로 대하지 못했다는 탄식이다. 그리고 후한 장례는 자신의 뜻이 아님을 호소한다.

'과례過禮는 비례非禮'라는 말이 있다. 지나친 예는 예를 다하지 않는 것과 마찬가지로 예가 아니라는 말이다. 예로부터 유교를 중심으로 한 사회에서는 한 사람의 태어나서 죽기까지 크게 4가지의 예를 중심으로 살아간다. 공동체에서 책임 있는 어른이 되었음을 알리는 관례冠禮, 남녀가 만나 한 가정을 이루어 새로운 삶을 살아감을 알리는 혼례婚禮, 죽은 자를 애도하며 보내는 상례喪禮, 먼저 간 조상을 기리는 제례祭禮가 그것이다. 상례는 4가지 큰 예 중의 하나로 소홀히 할 수 없다. 그런데 예의 정신은 크고 화려할수록 좋은 것이 아니다. 예의 기본 정신은 중용中庸에 있다.

『예기禮記』를 보면 예의 기원을 설명하는 대목이 있다. 부모가 돌아가셨을 때 어떤 사람은 돌아가신 지 얼마 지나지 않아 바로 일상 생활로 돌아가서 주변에서 보기에 애도하는 마음이 부족하다고 여겨지고, 또 어떤 사람은 부모를 잊지 못해 몸의 건강과 생활을 해칠 정도로 과한 슬픔을 표한다. 이런 과過하고 불급不及한 상황에서 성인聖人은 어느 정도의 기간과 형식으로 애도를 표현할 때 적당中한지 살펴서 삼년상喪의 예법을 정했다. 이와 마찬가지로 모든 예의 정신은 사회적 관계망 안에서 서로가 어느 정도의 형식을 갖추어 대하면 적당하고 조화로운 관계가 되는지에 있다. 몸이 불편한 장애인을 봤다고 해서 그 사람의 동의도 구하지 않고 도움을 주는 것은 과례過

禮의 한 예例가 될 것이다.

모든 예의 정신이 적당함에 있다면 상례喪禮 또한 마찬가지이다. 재산의 정도, 사회적 지위, 비용 등 여러 가지 요소를 고려하여 그에 합당한 예를 갖추는 것이 맞다. 그런데 제자들은 안연에게만 특별하게 후한 장례를 치르고자 한다. 이미 살펴보았듯이 안연은 인仁에 거처하며, 가난하면서도 즐거운 삶을 살았고 예를 아는 자이다. 이미 죽었기에 자신을 위해 치른 후한 장례에 관해 아무 말도 할 수 없었지만 만일 그가 직접 그 상황을 보았다면 과연 동료들의 '선의善意'에 기뻐했을까? 아마 공자와 같은 심정이었을 것이다.

공자는 일찍이 예의 근본정신이 화려함에 있지 않고 검소함에 있으며 특히 상례에서는 형식을 잘 갖추는 것보다는 슬픔을 잘 표현하는 것에 있다고 말하였다.[51] 그런데 화려함과 검소함을 구별하는 기준은 무엇인가? 어떤 형식은 슬픔을 표현하고 어떤 형식은 형식만으로 그치는 것인가? 그것을 판단할 수 있는 기준은 바로 예의 근본정신인 중中에 있다. 중에 어긋나는 과한 형식이 화려함이며 사치이고 중에 적합한 형식이 검소함이다. 슬픔을 온전히 담아내는 형식이 올바른 상례喪禮이고 오직 형식만을 순서대로 매끄럽게 진행하는 것은 예가 아닐 것이다.

제자들이 안연의 장례를 후하게 치르자고 요청했을 때 공자는 그것이 검소함보다는 화려함을 추구하는 것이요, 슬픔을 온전히 드러내려는 것보다는 형식만을 갖추려고 하는 행위라고 판단했다. 그러니 예의 온전한 정신에 입각해 안연의 상황에 맞춘 '적당한中' 장례를 하라고 한 것이다. 그런데 공자가 항상 이야기해 왔던 예의 정신을 제자들은 잘 이해하지 못했나 보다.

어쨌든 공자는 분신과 같은 제자를 떠나보냈다. 이제 공자는 안연 없는 삶을 살아가야 한다. 세월이 아무리 지나도 안연을 완전히 잊을 수는 없어 그는 틈틈이 안연을 회상한다.

죽어도 안연을 잊지 못하는 공자

공자께서 안연을 두고 말하였다. "그의 죽음이 참으로 애석하구나. 나는 그가 앞으로 나아가는 것만을 보았고 멈춰 있는 것을 보지 못하였다."

『사기』에 의하면 공자는 말년에 3,000여 명의 제자를 두었다고 한다. 어떤 제자는 공자에게 가르치는 기쁨을 주기도 하고[52] 또 어떤 제자는 배움을 출세하기 위한 수단으로 여겨 실망감을 주기도 한다.[53] 임금의 자리를 맡길 만한 자질을 보인 제자도 있고[54] 스승의 뜻에 어긋나는 행위를 반복적으로 하다 파문을 당한 제자도 있다.[55] 그런 제자들을 볼 때마다 공자는 먼저 간 안연을 떠올린다. 든 자리는 몰라도 난 자리는 안다는 말이 있다. 또 살아있는 자는 죽은 자와의 경쟁에서 이길 수가 없다. 기대에 어긋나는 제자는 말할 것도 없고 공자에게 기쁨을 주는 제자들도 안연을 대신할 수는 없다.

죽은 자에 대한 추억은 나쁜 것도 좋게 윤색되어 떠오르는 법이다. 공자가 회상하는 안연은 항상 앞으로 나아갈 뿐 멈추지 않는다. 언뜻 들으면 별것 아닌 평가라 여길 수 있지만 그런 삶을 산다는 것은 보통 사람의 수준을 훌쩍 넘어간다. 거시적인 관점에서 꾸준히 발전하고 성장하는 삶도 미시적으로 들여다보면 때로는 멈추거나 퇴보하기도 한다. 그런데 안연은 물러나기는커녕 잠시 멈추지도 않고 항상 앞으로 나아간다. 공자는 스스로에 대해서도 이런 평가를 할 수 없을 것이다.

공자가 안연을 회상하는 것은 홀로 있을 때만이 아니다. 공자는 다른 사람의 질문에 대답하면서도 안연을 떠올린다.

> 애공이 "제자 중에 누가 배움을 좋아합니까?" 하고 묻자, 공자
> 가 대답하였다. "안연이라는 자가 배움을 좋아했습니다. 그는 화를
> 남에게 옮기지 않으며 같은 잘못을 두 번 하지 않았는데, 불행히도
> 명이 짧아 일찍 죽었습니다. 안연이 죽고 나서는 아직 배움을 좋아
> 한다는 자가 있다는 말을 듣지 못하였습니다."

공자는 제자들을 비롯한 다른 사람들이 자신에 대해 성자聖者라 표현해도 그것을 받아들이지 않는다. 차라리 스스로를 비루하고 천하다고 평하기까지 한다.[56] 그런 공자가 자부하는 한 가지는 배움을 좋아한다는 것이다. 이를 그는 호학好學이라고 표현한다.[57] 평소에 항상 호학을 강조하고 다닌 공자이기에 애공은 제자들 중에 누가 호학을 하는지 물어본다. 그런데 공자는 살아 있는 제자들 중에서는 호학하는 이가 없고 다만 안연이 살아있을 때 유일하게 호학을 했는데 불행하게도 그가 명이 짧아 일찍 죽었다고 탄식을 한다. 『논어』에는 애공뿐 아니라 계강자季康子가 같은 질문을 했을 때도 공자가 같은 대답을 한 기록이 있다.[58] 살아 있을 때도 공자의 가장 깊

은 신뢰와 사랑을 받는 제자였던 안연은 죽고 나서도 공자의 제자 중에서 유일하게 호학인好學人이라는 칭호를 받는 자가 되었다.

그런데 공자가 안연을 호학하는 자라고 평한 이유가 재미있다. 보통 배움을 좋아하다고 하면 무엇을 얼마만큼 배웠는지가 그 평가의 기준이 될 텐데 공자의 기준은 그것과 달랐다. 안연을 호학인이라고 평할 수 있는 이유는 화를 다른 사람에게 옮기지 않고 같은 잘못을 두 번하지 않았기 때문이다. 공자의 배움은 우리가 보통 생각하는 배움과 무엇이 다르기에 화를 옮기지 않고 잘못을 두 번하지 않는 것을 보고 배움을 좋아한다고 평하는 것일까?

'육언육폐六言六蔽'라고 후대에 전해지는 공자와 자로의 대화를 통해 공자에게 호학이 어떤 의미인지 살펴보자.

공자가 자로를 불러서 말하였다. "유(자로)야, 너는 여섯 가지 훌륭한 성품과 그것의 폐단에 대해서 들어봤느냐?" 자로가 대답하였다. "아니오. 못 들어봤습니다." 이에 공자가 말하였다. "거기 앉아라, 내가 너한테 이야기해주마. 공감하는 마음(仁)을 가지려고 하지만 배움을 좋아하지 않으면 그 폐단은 어리석게 되는 것(愚)이다. 지식을 좋아하지만(知) 배움을 좋아하지 않으면 그 폐단은 방탕해지는 것(蕩)이다. 믿음(信)을 좋아하지만 배움을 좋아하지 않으면 그 폐단은 나와 남을 해치는 것(賊)이다. 정직(直)하고자 노력하지만 배움을 좋아하지 않으면 그 폐단은 융통성이 없는 것(絞)이다. 용감(勇)해지려 하나 배움을 좋아하지 않으면 그 폐단은 세상을 혼란에 빠뜨리는 것(亂)이다. 강(剛)해지려고 하나 배움을 좋아하지 않으면 그 폐단은 경고망동하게 되는 것(狂)이다."

공자가 여기서 말하는 여섯 가지 말六言인 인仁, 지知, 신信, 직直, 용勇, 강剛은 유학儒學에서만 강조하는 것이 아니라 인간이 보편적으로 가져야 할 성품이라 할 수 있다. 그런데 공자는 육언六言의 성품이 있다 하더라도 호학하지 않으면 폐단이 생긴다고 말한다. 왜 호학하지 않을 때 훌륭한 성품에서 폐단이 나오게 될까?

앞에서 희로애락의 감정은 적절한 때와 적절한 상황에서 드러내야 한다는 『중용』의 글을 인용했다. 그리고 예禮의 근본정신 또한 중中에 있음을 설명했다. 인간의 보편적인 성품도 마찬가지이다. 인仁하다고 다 좋은 것이 아니라 인해야 할 때 인해야 한다. 인해야 할 때와 그렇지 않을 때를 구분하지 못할 때 인을 드러낼 때의 폐단은 어리석음이다. 인을 타자의 아픔에 공감하는 마음이라고 했을 때 누군가가 꾸며낸 고통을 호소하면서 나를 속일 수 있다. 지식을 좋아하지만 그것을 드러낼 때를 알지 못하면 그 지식은 나와 남을 해치는 무기가 될 수도 있다. 고금古今을 막론하고 뛰어난 지식인들이 지식을 무기로 방탕한 삶을 살았던 사례는 금방 찾아볼 수 있다. 믿어야 할 것과 믿지 말아야 할 것을 구분하지 못했을 때 남을 해칠 수 있다는 것은 타자를 인정하지 않는 정치적 편향이나 사이비 종교의 폐단으로 쉽게 알 수 있다. 또한 원칙만을 추구하는 정직이 마치 목을 조르는 것처럼 우리의 삶을 옥죄는 경험은 호학하지 않는 직直의 폐단이다. 공자는 보통 사람이 용감하지만 의롭지 않은 경우 한갓 도적이 될 뿐이지만, 신분이 높은 사람이 그런 경우는 나라에 난亂을 일으킨다고 말한다.[59] 배우지 않고 오직 강함만을 추구하는 자를 우리는 겉은 강할지 모르나 속은 텅 비었다는 식으로 낮게 평한다.

이런 호학하지 않는 강剛함의 폐단이 강함을 경솔하게 과시하는 것이다.

그럼 언제가 인할 때이고, 믿어야 할 때이고, 용맹해야 할 때인가? 그것을 어떻게 알 수 있는가? 적절한 때와 적절한 상황은 그 때와 상황이 닥치기 전까지는 알 수가 없다. 그러니 배움이 필요하다. 만일 적절한 때와 적절한 상황이 미리 알 수 있는 것이라면 그것은 배움學이 아니라 지식知을 통해 얻을 수 있다. 같은 입력값을 넣으면 언제 어디서든 같은 결괏값이 나오는 공식과 같은 것이 바로 지식이다. 하지만 우리네 삶은 너무도 복잡하여 예측할 수 없기에 적절함中을 얻기 위해서는 끊임없이 배워야만 한다.

호학好學이 적절한 감정을 드러내고, 적절한 예를 행하고, 적절한 성품을 표현하기 위해 필수적인 것이라고 한다면, 공자는 어떻게 안연이 호학한다고 평할 수 있었을까? 어떤 것을 아는 것과 그것을 행하는 것은 다르다. 화를 옮기지 말아야 하고 잘못을 두 번하지 말아야 한다는 것을 아는 것은 그리 어렵지 않다. 하지만 그것을 몸에 배게 해서 그렇게 사는 것은 다른 문제이다. 안연은 화를 옮기지 않고 잘못을 두 번하지 않았다.

직장 상사에게 좋지 않은 소리를 듣고 그 화를 부하 직원에게 푸는 직장인, 부모에게 꾸지람을 듣고 동생에게 화풀이를 하는 형제, 부부싸움을 한 후 더 엄한 판결을 내리는 판사…. 우리가 화를 옮기는遷怒 예는 끝이 없다. 인간이 화를 옮기는 것은 아마 개인의 생존을 위해서 오랜 시간동안 진화된 본성일지도 모른다. 화를 풀지 않고 계속 담고 있다 보면 그 화가 내 몸을 해치게 된다. 그러니 어떤 식으로든 화를 풀어야 하는데, 나를 화나게 한 대상에게 화를 풀지 못하거나 나를 화나게 한 원인을 잘못 아는 경우에도 화를 옮길 수 있다. 그런데 이런 '이기적 본성'인 천노遷怒는 개인의 생존에는 유리할지 모르지만 공동체의 이해와는 어긋난다.

같은 잘못을 반복해서 하는 것도 우리의 본성인 것 같다. 매번 후회를 하면서도 같은 실수를 반복한 경험은 누구나 가지고 있을 것이다. 잘못을 행한 나와 잘못을 행하게 되는 환경이 바뀌지 않는다면 같은 상황에서 같은 잘못을 할 확률이 높다. 같은 잘못을 행하지 않기 위해서는 내가 바뀌거나 환경이 바뀌어야 한다. 환경을 바꿀 수 있다면 좋겠지만 대부분의 경우 환경을 내 마음대로 바꾸는 것은 어렵다. 그럼 남은 방법은 내가 바뀌는 것이다. 무엇을 어떻게 바꿔야 하는지는 각각의 잘못에 따라 다르겠지만 나를 바꾼다는 것은 본성을 바꾸는 것만큼 어렵다.

화를 옮기는 본성을 바꾸는 것이나 같은 잘못을 저지르지 않기 위해 나를 바꾸는 것은 마음만 먹는다고 쉽게 이루어지지 않는다. 그러기 위해서는 끊임없는 배움과 반복 연습이 필요하다. 이것이 학습學習이고 이런 학습의 과정과 학습을 통해 변화된 나를 확인하는 과정을 즐기는 것이 호학好學의 삶이다. 호학의 결과는 끊임없이 변하고 성장하는 모습이다. 몇 권의 책을 읽었고, 어떤 학위를 가지고 있고, 얼마나 많은 자격증을 가지고 있는지가 호학의 기준이 아니다. 적절함中에 들기 위해서 끊임없이 학습을 행하는 태도로 적절한 감정을 표현하고, 적절한 예를 취하며, 적절한 행동을 하는 자를 호학인好學人이라 할 수 있다.

공자는 자신과 같은 호학의 삶을 사는 안연을 그리워하며 그와 함께 가르치고 배우며 토론하며 지냈던 과거를 떠올리는 삶을 계속 살아간다. 그의 말대로 안연 이외에는 호학하는 제자가 없었을까? 아니면 공자의 마음에 호학하는 자의 삶은 안연과 같아야 하기에 다른 호학의 모습이 눈에 들어오지 않는 것일까?

안연의 스승사랑

공자의 안연에 대한 사랑은 일방적이지 않았다. 표현을 많이 하지 않았을 뿐이지 안연이 스승을 사모하는 마음은 『논어』 구석구석에 숨어 있다.

> 공자가 광땅에서 위험에 처했을 때 안연이 무리에서 떨어져 홀로 뒤처지는 일이 있었다. 나중에 안연이 일행을 따라잡아 만난 후에 공자가 말하였다. "나는 네가 죽었을 것이라고 생각했다." 이에 안연이 대답하였다. "선생님께서 살아 계신데 제가 어찌 감히 먼저 죽겠습니까?"

공자는 고국인 노나라에서 자신의 정치적 뜻을 펼칠 수 없다고 판단한 뒤 노나라를 떠나 13년 동안 여러 나라를 돌며 자신의 정치적 이상을 펼치려 노력했다. 이 과정에서 공자는 여러 우여곡절을 겪는데, 목숨을 잃을 뻔한 위기도 여러 번 겪는다. 그중 하나가 광匡 땅에서의 위기이다. 공자 일행이 진陳나라로 가기 위해서 광이라는 지역을 지날 때 그 지역 주민들이 공자의 일행을 감금하는 일이 있었다. 광땅 주민들이 양호陽虎라는 인물에게 원한을 품고 있었는데 공자의 생김새가 양호와 많이 닮아서 오해를 하고 해코지를 하려고 감금한 것이다.

문헌에 의하면 공자는 키가 아홉 자 여섯 치라고 한다. 이를 미터로 환산하면 거의 3미터에 가까운데 이를 믿어야 할지는 모르겠다. 고대의 도량형과 지금의 도량형이 다른 것인지 기록한 자가 과장을 한 것인지 아니면 진짜 공자의 키가 그 정도였는지는 알 수 없다. 어느 정도 과장이 있다 해도 공자는 멀리서도 눈에 띨 정도로 보통 사람보다 키가 컸던 것 같다. 양호도 공자만큼 키가 컸다. 공자나 양호만큼 키가 큰 사람은 그리 많지 않았기에 광땅 사람들이 겉모습만 보고 공자를 양호로 오해한 것이다.

공자 일행은 사람들을 피해 다니다가 결국 잡혀서 일시적으로 감금을 당하게 되는데 이 과정에서 안연은 일행들과 떨어지게 된다. 목숨을 위협받을 정도로 위험한 상황을 겪고 감금된 상황에서 돌아보니 안연이 보이지 않는다. 공자는 안연이 도망가다가 주민들에게 잡혀 죽었다고 생각했다. 다행히도 주민들이 오해했다는 것을 알고 공자의 일행을 풀어주었다. 하지만 공자는 가장 아끼는 제자를 잃었으니 하늘이 무너진 것 같은 심정이었을 것이다. 자신을 채용해 주는 군주는 한 명도 없고 한 치 앞도 예측할 수 없는 불안한 미래를 향해 걷는 발걸음에 이제 분신과 같은 제자도 잃었다. 일행은 아무 희망도, 목적도 없이 터벅터벅 걷고 있었다. 그런데 저 뒤에서 먼지를 일으키며 누군가 달려온다. '스승님, 스승님'하고 부르면서. 뒤를 돌아보니 죽은 줄만 알았던 안연이 살아서 돌아온 것이다. 공자는 그의 손을 꼭 붙잡고 이야기한다. '나는 네가 죽은 줄만 알았다.' 이에 안연은 대답한다. '선생님께서 살아 계신데 어찌 제가 먼저 죽을 수 있겠습니까?' 전쟁 통에 헤어져 생사를 알지 못했던 가족이 재회하는 장면 같다.

안연은 어떻게 해서 일행과 헤어져 뒤처지게 되었을까? 그리고 어떻게 풀려난 일행의 뒤를 바로 따라오게 되었을까? 이에 대해 문헌은 기록하고 있지 않다. 드라마를 완성하기 위해서는 몇 가지 실마리를 토대로 상상력을 발휘해야 한다. 똑같이 헤어졌는데 공자는 안연이 죽은 줄만 알았고, 안연은 공자가 죽지 않았다는 것을 알고 있었다. 그러니 스승이 살아 계신데 먼저 죽을 수 없다고 대답한 것이다. 안연이 일부러 일행과 떨어진 것인지 아니면 혼란한 상황에서 어쩔 수 없이 헤어진 것인지 알 수 없다. 하지만 안연은 일행과 헤어진 후에도 목숨을 부지하기 위해 혼자 도망가지 않았다. 감금된 일행의 주변에서 어떻게 하면 스승을 비롯한 일행을 구출할 수 있을지 호시탐탐 기회를 엿보고 있었을 것이다. 만일 주민들이 스승님의 생명을 해치려 한다면 목숨을 아끼지 않고 뛰어 들어 구출하려 했을 것인데, 다행히도 오해가 풀려 일행이 풀려났다. 안연은 아마 뛸 듯이 기뻐하며 급히 일행의 뒤를 따라 잡았을 것이다.

『논어』에 안연의 감정이 드러난 구절은 흔치 않다. 아주 담백하게 묘사된 이 구절은 사건이 벌어진 당시 상황에 대한 정보와 야간의 상상력을 발휘한다면 사제지간의 애정과 신뢰, 존경의 마음이 넘쳐 흐르는 장면으로 다시 쓸 수 있다.

안연이 크게 탄식하며 말하였다. "선생님은 우러러볼수록 더욱 높고 뚫으려 할수록 더욱 견고하며, 앞에 서 계신 듯하더니 홀연히 뒤에 계시다. 선생님께서는 차근차근히 사람을 잘 이끌어 주시어 문(文)으로써 나를 넓혀주시고 예로써 나의 행실을 요약하게 해주셨다. 공부를 그만두고자 해도 그만둘 수 없어 이미 나의 재주를 다하니, 선생님의 존재가 마치 내 앞에 우뚝 서 있는 듯하다. 선생님의 모습을 따르고자 하나 말미암을 데가 없구나."

서로는 서로를 알아보는 법이다. 지금까지는 스승인 공자가 제자를 어떻게 바라보는지를 주로 살펴봤다. 위의 구절은 자신의 생각을 잘 드러내지 않는 안연이 스승을 어찌 생각하는지 여실히 보여주는 구절이다. 자공 편에서는 죽은 스승을 폄하하는 자들에게 높은 담장에 둘러싸인 궁궐에 비유하며 자신보다 월등히 뛰어난 스승을 묘사하는 이야기를 소개했다. 언변이 뛰어난 자공처럼 탁월한 비유를 한 것은 아니지만 안연의 이야기도 공자가 어떤 사람인지 짐작해 보기에 충분하다.

공자의 경지가 어느 정도의 높이일 것이라 예측하고 올라가 보니 올라갈 곳이 또 보인다. 그곳까지 올라가보니 또 다른 올라갈 곳이 기다리고 있다. 벽을 뚫으면 안으로 들어갈 수 있다 생각하고 뚫어보니 다른 벽이 앞을 가로막고 있다. 그 벽을 다시 뚫어도 또 다른 벽이 기다리고 있다. 공자에 대한 안연의 이 평은 두 가지 관점에서 볼 수 있다. 공자의 겉으로 드러난 모습이 빙산의 일각과 같기에 그의 높이와 깊이를 측정하면 할수록 물 아래에 잠겨 있는 빙산처럼 전체 모습을 알 수 없다는 것이 하나이다.

또 다른 관점은 안연의 입장에서 본 것이다. 사람은 자기가 보고 싶은 것만 보고, 자기가 볼 수 있는 것만 본다. 처음 안연이 본 공자의 높이와 깊이는 조금만 올라가고 조금만 뚫고 들어가면 다다를 수 있을 것처럼 보였다. 그런데 올라가고 뚫는 과정에서 안연도 성장한다. 이제 성장한 안연의 눈에는 이전에 볼 수 없었던 스승의 높이와 깊이가 보인다. 차근차근 이끌어 주는 대로 스승의 자취文를 따르다 보니 스승은 점점 높아가고 점점 깊어간다.

앞으로 얼마나 더 높이, 얼마나 더 깊이 가야할지 모르기에 멈춰 설까도 생각해 보지만 이만큼 높이, 깊이 스승이 이끄는 대로 따라가다 보니 이제 다시 되돌아가거나 멈출 수 없다. 스승의 경지만큼 오르고 싶지만 그 끝이 보이지 않으니 아무리 재주를 다하여도 모자랄 것 같다. 그런 스승은 내 앞을 가로막는 장애물인가 아니면 내가 다다라야 할 목표인가? 장애물이라 하자니 나를 잘 인도해주고 목표라고 하자니 아무리 해도 닿을 수 없는 것 같다.

필자도 공부를 하며 이런 안연의 심정을 조금은 짐작할 수 있는 경험을 한 적이 있다. 우리의 현재를 이해하기 위해서 조선의 통치 이념인 유가儒家를 공부하다 보니 고대 중국의 역사를 알아야 했다. 춘추전국시대를 중심으로 고대 중국의 역사를 보다 보니 유가儒家뿐 아니라 다른 제자백가諸子百家도 봐야했다. 공자와 맹자로 대표되는 선진유가先秦儒家뿐 아니라 주자朱子의 성리학性理學, 왕수인王守仁의 양명학陽明學도 참고해야 했다. 이뿐인가? 우리의 현재는 일제를 통해 이식된 서양근대의 제도와 문화로 이루어졌으니 현재의 나를 이해하기 위해서 서양근대의 사상도 이해해야 했고 그것은 다시 그 기원이 되는 고대희랍의 문화와 철학으로 이어진다. 이러다보니 그 끝이 보이지 않는다. 끝이 보이지 않는 공부를 앞에 둔 심정은 높이를 알 수 없는 산을 오르기 위해 그 앞에 선 심정과 비슷하다. 한편으로는 암담하지만 또 다른 한편으로는 그 산을 오르며 만날 풍경과 산세에 대한 기대감에 들뜨기도 한다. 아마 안연도 자신의 앞에 우뚝 선 스승을 보며 그런 암담함과 기대감을 함께 느꼈을 것이다.

공자가 제자인 안연을 평하는 것을 읽을 때는 느끼지 못했던 부분이 안연이 공자를 묘사한 이 구절을 읽으면서 문득 떠오른다. 어쩌면 이 둘은 서로에게서 자신의 모습을 본 것은 아닐까? 공자는 안연에게서 인仁에 거하며 가난하면서도 즐거움을 잃지 않는 자신의 모습을 보았고, 안연은 스승의 모습에서 배움을 좋아하며 끊임없이 성장하는 자신의 모습을 본 것은 아닐까? 공자와 안연은 다른 시간, 다른 공간에서 태어났지만 함께 가르침을 주고받으며 서로 닮아간다. 서두에 안연을 공자의 분신이라 소개했다. 공자도 안연의 분신이다. 안연이 죽은 후 공자는 안연의 삶도 함께 살아갔던 것이다.

4장

파문(破門)당한 염유(冉有)

염유는 자로, 자공, 안연에 비해서 후대에 많이 알려지지 않은 인물이다. 그런데 공자와 염유의 관계는 앞에서 살펴본 제자들과 비교해 뒤지지 않을 정도로 드라마틱하다. 염유는 공자의 제자들 중에서 자로와 함께 가장 뛰어난 군사적 재능을 가지고 있었고 행정 능력도 탁월했다. 공자는 염유의 재능을 일찍이 알아보았다. 공자가 천하주유를 하는 동안 노나라의 계씨季氏가문에서 공자를 초빙하려는 움직임이 있었다. 그런데 주변의 가신들이 공자의 등장으로 자신들의 기득권과 영향력이 줄어들 것을 의식하여 공자의 초빙을 반대했다. 이에 대한 타협책이 공자의 제자 중 한 명을 등용하는 것이었고 공자는 이 때 염유를 추천한다.

염유는 계씨가문의 가신家臣으로 뛰어난 활약을 펼친다. 그 활약에 대한 보상이 무엇인지 물었을 때 염유는 스승인 공자의 귀국을 요청한다. 그래서 공자는 염유 덕분에 13년 동안의 떠돌이 생활을 마치고 고국으로 돌아올 수 있었다.

이때까지만 해도 스승과 제자의 관계는 나쁘지 않았다. 그런데 계씨가문의 가신으로서 염유의 행동은 노나라를 위해서가 아니라 계씨 집안의 사적인 이익을 극대화 하기 위한 것으로 드러난다. 이에 대해 공자는 여러 차례에 걸쳐 염유에게 충고하지만 염유는 그 태도를 바꾸지 않다가 급기에 공자에게 파문 당한다.

뛰어난 자질을 인정받던 제자에서 파문을 당하기까지의 드라마를 따라가 보자.

뛰어난 자질, 그리고 옥의 티(?)

염유는 공자를 기쁘게 하는 제자 중 한 명이었다. 그의 강직한 모습은 아주 듬직했을 것이다. 이런 염유를 보며 공자는 후일 그의 배신을 알아 챌 수 있었을까? 염유 또한 즐거운 눈빛으로 자신을 바라보는 스승이 자신을 파문할 것이라 상상이나 했을까? 시간이 지나면서 공자는 염유에게서 조금씩 자신과 어긋나는 면을 보게 된다.

> 자로가 성인(완성된 사람)에 대해 묻자 공자가 대답하였다. "만일 장무중의 앎과 공작의 욕심 없음과 변장자의 용맹과 염구의 재주에 예악으로써 문채를 낸다면 성인이라고 할 수 있을 것이다." 이어 덧붙여 말하였다. "오늘날의 성인은 굳이 그럴 것까지야 있겠느냐. 이익을 보면 의로움을 먼저 생각하고, 위태로운 상황에서도 인과 의에 합당하다면 목숨을 바치고, 오랜 약속에 평생의 말을 간직하고 실천하며 산다면 성인이라고 할 수 있을 것이다."

자로가 성인成人에 대해 묻는데 이때의 성인은 미성년자의 반의어인 보통명사 성인과 의미가 다르다. 보통명사 성인은 일정한 기준의 나이를 넘긴 사람을 지칭한다. 물론 계몽주의 사상에서 '남에게 의지하지 않고 스스로의 이성에 의해 판단하고 선택하며 그에 대한 책임을 지며 사는 사람'이라는 의미로도 쓰이지만 이 또한 자로가 묻는 성인과는 쓰임새가 다르다. 자로는 '사람으로서 완성되었다'고 하려면 어떠해야 하는가라는 의미로 질문했다.

공자는 두 가지 답변을 준다. 우선 각 분야에서 뛰어난 인물들의 예를 들어 지혜와 탐욕하지 않음과 용기와 재주를 하나로 합친 '완성된 인간成人'을 이야기한다. 마치 뛰어난 성능을 가진 팔다리를 장착한 인조인간과 같은 느낌이다. 이때 재주를 가진 인물로 염유의 예를 들었다. 자로가 알고 있을 수많은 역사적 인물과, 함께 지내는 수많은 제자들 중에서 재주를 가진 인물로 선택할 정도이니 염유의 재능은 탁월했나 보다.

다시 덧붙인 대답은 이와 결이 다르다. 각 분야의 뛰어난 재능을 모아놓은 것이 아니라 한 사람으로서 이익보다 의로움을 먼저 생각하고 위태로운 상황에서도 올바른 선택이라면 목숨을 바쳐서라도 수행하고, 남과 한 약속이든 자신과 한 약속이든 그것을 지키면서 사는 사람이 바로 성인이라는 것이다.

엄밀히 말해 공자의 사상에 완성成은 있을 수 없다. 이미 완성되어 있다면 더 이상 배울 것이 없을 것이고 나아갈 것도 없다. 하지만 공자는 스스로를 배움을 좋아하는 자라 칭할 정도로 배움을 통한 새로운 깨달음을 중요하게 여겼다. 자신의 사상을 도道라 말한 것도 끝이 없이 계속 나아가는 과정이라 여겼기 때문이리라. 그래서 자로의 질문이 가지고 있는 문제를 에둘러 지적하기 위해서 두 가지 대답을 연이어 한 것이다.

그런데 공자가 처음 대답할 때 예로든 인물들이 재미있다. 지식이 뛰어나다는 장무중이나[60] 탐욕이 없다는 공작은[61] 『논어』의 다른 구절에서 공자가 그리 높게 평가하지 않는 인물이다. 용맹의 예로 든 변장자는 『논어』에는 나오지 않지만 노나라의 대부로, 힘이 센 사람으로만 알려져 있다. 염유를 이들과 같은 자리에 놓고 재주가 있다고 평한 것은 과연 그의 재주 있음에 대한 칭찬일까 아니면 재주만 있음에 대한 우회적인 비판일까?

　계자연이 물었다. "중유(자로)와 염구(염유)는 대신(大臣)이라 말할 수 있겠습니까?" 공자가 말하였다. "나는 그대가 무언가 다른 질문을 할 것이라 생각했는데 고작 유와 구에 대해서 묻는구나. 이른바 대신이란 도로써 군주를 섬기다가 그 섬김을 더 이상 못한다면 그만두는 것이다. 지금 유와 구는 대신은 모르겠고 자리를 채워 머릿수만 채우는 신하라고 할 수 있다." 이에 계자연이 다시 물었다. "그럼 이들은 명령에 따르는 자들입니까?" 공자가 말하였다. "아무리 그래도 아버지나 임금을 시해하는 일은 따르지 않을 것이다."

　자로와 염유는 군사적 재능과 행정政事에 탁월한 능력을 보였다.[62] 그래서 그런지 많은 사람들이 자로와 염유를 묶어서 언급하는 경우가 많았다. 자로와 염유에 대해 묻는 계자연은 계씨 집안의 아들인데 이 문답이 오갈 때 자로와 염유는 계씨 집안의 가신家臣으로 있는 상황이었다. 이제 말년에 접어든 공자는 노나라뿐만 아니라 나라 밖에서도 인정받고 있는 정치적 원로이다. 계씨는 그런 인물의 뛰어난 두 제자를 가신으로 두고 있으니 그것을 과시하고 싶었나 보다. 집안 신하들의 스승에게 그들의 인물됨을 물어본다.

　대신大臣은 보통의 신하를 말하는 것이 아닐뿐더러 재주와 능력이 뛰어나다고만 해서 그리 불리지 않는다. 사람에게 대大라고 칭할 때는 물리적인 크고 작음을 이야기하는 것이 아니다. 눈에 보이지 않는 인품을 표현할 때 눈에 보이는 어떤 것처럼 표현하기 위해 크다는 표현을 사용할 뿐이다. 우리가 속이 좁다, 마음이 넓다, 생각이 깊다, 생각이 얇다 등의 추상적인 표현을 공간적으로 표현하는 것도 비슷한 어법이다.

계자연은 질문을 하면서 공자가 스스로 가르쳤고 가신으로 추천하기도 했으니 약간 과장을 해서라도 두 인물을 대신이라 인정해 줄 것이라 여겼을 것이다. 하지만 공자가 누구인가. 바르지 않은 언행은 아무리 큰 이익이 있더라도 하지 않고 바른 언행은 목숨을 바쳐서라도 하는 인물이 아닌가? 대신이라 말할 수 있으려면 도道로써 군주를 섬기다 더 이상 할 수 없으면 그만두어야 한다. 그런데 자로와 염유는 그렇지 못하기에 대신이라 할 수 없다. 이는 간접적으로 현재 그들이 섬기고 있는 계씨 집안을 비판한 것이다. 이들이 군주로 섬기고 있는 계씨 집안이 도道를 행하고 있다면 그런 군주를 섬기는 신하들을 대신이라 할 수 있을 것이다. 그런데 공자가 보기에 계씨 집안은 도에 어긋난 통치를 하고 있다. 만일 자로와 염유가 대신이라면 도를 행하지 않는 군주를 계속 보필할 것이 아니라 당장 그만두어야 하는데 계속 섬기고 있다. 그러니 대신이라는 말은 가당치도 않다. 그들은 다만 구색만 맞추어 머릿수만 채우는 신하具臣들이다.

계자연도 바보는 아니다. 공자의 이 대답이 자신의 집안에 대한 비판이라는 것을 알아챘다. 기분이 상한 그는 이제 반대로 질문을 한다. '고작 머릿수만 채우는 신하라고 하는 당신의 제자들은 그럼 섬기는 군주가 시키는 일이라면 무슨 일이든지 하겠군요.' 계자연의 반격이 만만치 않다. 머릿수만 채우고 있는 신하이니 아무 생각 없이 시키는 일을 행하는 자들이 아니겠는가. 이 질문의 이면에는 공자가 평생 동안 한 일이라는 것이 고작 그런 제자들이나 키운 것이라는 날카로운 공격이 숨어있다. 이에 공자는 태연히 맞받아친다. '내 제자들이 뛰어난 대신은 못될지언정 아비를 해치고 임금을 해치는 그런 짓거리까지는 따르지 않을 것이다.' 이 대답에 숨어있는 반격은 무엇인가? 계씨 집안이 바로 아비와 임금을 시해하는 자들이라는 말이 아닌가?

노나라에는 임금이 따로 있지만 거의 허수아비와 마찬가지이고 계씨를 비롯해서 맹손씨와 숙손씨 등 세 집안이 나라를 삼등분해서 통치하고 있는 상황이었다. 그러니 노나라에서 정치를 하려면 세 집안 중 하나의 가신이 되어야 하는 것이 현실이었다. 세 집안 중에서 계씨 집안이 가장 세력이 막강했는데 이 집안에서 뛰어난 능력을 가진 공자의 제자들을 신하로 삼은 것이다. 맹손, 계손, 숙손 세 집안이 군주를 섬기는 대신 자신들끼리 권력을 나누어 가지고 있는 현 상황은 무도無道한 상황이다. 하지만 이런 현실을 바꾸기 위해서는 이 상황에 뛰어들어야 한다. 그래서 공자는 그의 제자들이 계씨를 섬기는 것을 허락했을 것이다. 그리고 자로와 염유가 영향력을 발휘해서 지금과 같은 무도한 상황을 개선하기를 바랐을 것이다. 하지만 상황은 공자의 바람대로 흐르지 않았다. 그의 의도와 달리 계씨 집안의 횡포는 날이 갈수록 더하고 제자들은 그 횡포를 막기는커녕 그들의 폭정에 힘을 보태고 있다.

그런데 두 제자의 이후의 행보는 갈린다. 염유는 공자에게 파문당하지만 자로는 위나라로 자리를 옮긴다. 두 사람의 어떤 차이가 그들을 다른 길로 가게 만든 것일까?

자로가 물었다. "옳은 말을 들으면 바로 실천해야 합니까?" 공자가 대답하였다. "부모형제가 계신데 어찌 그리 성급하게 바로 행동을 하려 하느냐?" 염유가 같은 물음을 하였다. "옳은 말을 들으면 바로 실천해야 합니까?" 공자가 대답하였다. "당연히 들은 바대로 바로 실천해야지." 두 대화를 옆에서 들은 공서화가 공자에게 물었다. "선생님, 왜 '옳은 말을 들으면 바로 실천해야 합니까?'라고 같은 물음을 던졌는데 자로에게는 성급하게 바로 행동에 옮기지 말라하고 염유에게는 바로 실천을 하라고 하셨습니까? 제가 아무리 생각해도 이해가 안 되어서 감히 여쭙겠습니다." 공자가 대답하였다. "구(염유)는 자꾸 뒤로 물러나는 기질이 있어 앞으로 나아가도록 독려한 것이고 유(자로)는 남들에 비해 행동이 앞서는 기질이 있어 조금 물러나라고 한 것이다."

공자와 『논어』에 대한 가장 큰 오해 중 하나가 공자는 시대와 장소를 불문하고 누구에게나 적용될 수 있는 보편적 진리를 이야기했고, 『논어』는 그런 아포리즘의 모음집이라는 견해다. 그런데 공자는 플라톤의 '이데아(Idea)'와 같은 보편적 진리를 이야기한 적이 없다. 같은 질문이라도 다른 사람이 한다면 그 사람의 상황에 맞춰 달리 대답했다. 각각 다른 대답이 가지는 하나의 보편성은 적절함中에 있다. 감정의 적절함, 예의 적절함, 성품의 적절함처럼 모든 삶에 있어서 적절함을 찾아가는 것, 곧 중용中庸의 삶이 그것이다.

인용한 구절은 공자이 그런 성향을 보어주는 대표적인 대화이다. 자로와 염유가 '옳은 말을 들으면 바로 행동에 옮겨야 하느냐'는 동일한 질문을 했는데, 자로에게는 행동을 자제하라 하고 염유에게는 바로 행동에 옮기라고 한다. 공교롭게도 자로와 염유가 물었을 때 그 자리에 함께 있었던 공서화는 공자의 대답에 혼란스럽다. 어느 대답이 정답일까? 공자에게는 누구에게나 똑같이 적용되는 정답이 없다. 누구의 물음인지, 어떤 상황에서 묻는 것인지에 따라 적절한 대답을 해주는 것이다.

자로는 옳은 말을 듣고 바로 실천에 옮기지 않으면 견디지 못하는 사람이다.[63] 그가 가장 싫어하는 인물이 말만 앞세우고 행동은 하지 않는 자들이다. 그러다 보니 때로는 과하게 행동하는 경우도 생기게 마련이다. 공자는 자로의 용감한 성품은 자신보다 훨씬 뛰어나다고 했으며 평소에 그에게 과한 용맹이 가져올 부작용에 대해 많은 충고를 했다. 그런 성격의 자로이니 공자는 들은 바대로 행동을 할지 묻는 그에게 절제하라고 충고한 것이다.

반면에 염유는 평소에 실천을 주저하는 편이다. 그런 염유의 성격을 드러내는 대화가 『논어』에 등장한다.

염구(염유)가 말하였다. "저는 선생님이 가르치시는 도를 좋아하지 않는 것이 아니지만 그것을 실천할 힘이 부족합니다." 공자가 말하였다. "힘이 부족한 자는 중도에 그만두는 법인데, 너는 실천을 하려 하지 않으려는 것이지 힘이 부족한 것이 아니다. 지금 너는 스스로에게 한계를 긋는 것이다."

염유의 성향은 자로와 반대이다. 아마 염유는 평소에도 공자에게 들은 바대로 행동하지 못하는 것에 대해 지적을 당했던 것 같다. 이 대화는 그런 지적에 대한 염유의 변명이다. 자신도 스승이 가르치는 데로 실천을 하고 싶지만 실천할 힘이 부족하다고不足 변명한다. 공자는 염유의 말 그대로 그가 역부족이라면 차라리 이 길을 그만두라고 말한다. 그런데 염유는 그만두지 않고 자신의 힘이 부족하다는 변명만 한다. 염유의 그런 태도는 미리 자신의 한계를 설정해 놓고 그 안에서만 머무는 것이다.

다시 한번 말하자면 공자가 강조하는 '배움을 좋아하는 삶'이란 끊임없는 학습을 통해 현재의 자신을 넘어서는 삶이다. 염유는 공자가 가르치는 도를 좋아한다고 말했지만 역부족이라는 변명을 일삼는데, 그것은 공자의 도와 반대되는 삶이다. 다른 사람의 눈에는 현재 염유의 재능이 뛰어나 보이겠지만 현재 어떤 능력을 가지고 있는가 보다 빠르든 늦든 배움을 통해 끊임없이 변화하는 삶을 중요하게 여기는 공자에게는 염유가 노력하지 않고 변명만 일삼는 것처럼 보인다.

공자는 여러 차례에 걸쳐 염유에게 실천할 것을 독려한다. 옳은 말을 듣고 바로 실천해야 하냐는 염유의 물음에 자로와는 반대로 바로 실천하라고 대답한 것도 이런 독려이다. 자로는 절제하라는 공자의 충고를 받아들이려 노력했다. 불행히도 성급한 기질을 완전히 다스리지 못해 위나라의 내란에 휘말려 목숨을 잃었지만 끊임없이 노력하는 자로를 공자는 애정의 눈길로 바라보며 충고와 격려를 아끼지 않았다. 그런데 염유는 공자의 충고에도 불구하고 이전의 태도를 바꾸지 않는다. 이런 염유에게 공자는 점점 실망한다.

스승의 실망

> 계씨가 태산에 여제(旅祭)를 지내었다. 공자가 염유에게 "네가
> 그것을 바로잡을 수 없었느냐?"고 하자, 염유가 "할 수가 없었습니
> 다."라고 대답하였다. 공자가 탄식을 하며 말하였다. "아, 태산의
> 신령이 임방만도 못하다고 할 수 있겠느냐?"

이 구절을 이해하기 위해서는 배경지식이 필요하다. 공자가 살고
있던 춘추전국시대의 중국은 봉건 체제였다. 주周나라가 천자天子국
으로서 중심에 있었고 여러 나라들이 제후諸侯국으로 주나라로부터
지역을 할당 받아 다스리는 체제이다. 이때 지역을 할당해 주는 것
을 분봉分封이라 한다. 또 각 제후국은 분봉 받은 땅의 일부를 대부大
夫들에게 나누어 주어 다스리게 했다. 그리고 그 아래의 사士계급이
실무적으로 이 모든 체제의 운영을 보좌해주는 시스템이다.

이런 주나라를 건립한 왕이 문왕文王과 무왕武王이다. 문왕이 주나
라를 열겠다는 뜻을 세워 은殷나라에 맞서 일어났고 아들인 무왕이
그 뜻을 이어받아 은나라를 멸하고 주나라를 열었다. 문왕의 또 다
른 아들이자 무왕의 동생인 주공周公은 아버지와 형을 도와 주나라
를 여는데 큰 공을 세웠다. 그 공을 인정받아 현재 공자의 고국인 노
魯나라를 분봉 받았다. 그런데 무왕은 왕위에 오른 후에 어린 아들을
남겨두고 일찍 세상을 뜬다. 이때 주공은 분봉 받은 노나라의 통치
를 아들에게 맡기고 무왕의 어린 아들을 성왕成王으로 옹립한 후에
그가 성인이 될 때까지 섭정攝政을 맡게 된다.

수천 년 뒤인 조선의 건국 초기에도 이와 비슷한 상황이 있었다.

문종이 어린 단종을 남기고 떠나면서 동생인 수양대군에게 잘 보좌해 줄 것을 부탁한다. 하지만 수양대군은 단종을 폐위시키고 자신이 왕위에 올라 세조가 되었다. 이와 달리 주공은 성왕이 성인이 된 후에 섭정 자리에서 물러나 노나라로 돌아갔다. 건국 초기 어린 왕의 등극으로 불안할 수도 있는 나라를 섭정으로서 안정적으로 통치하고 자신에게 왕권을 돌려준 주공에게 성왕은 은혜를 보답하고 싶었다. 그래서 주공이 분봉 받은 노나라에서는 천자의 나라인 주나라와 같은 제사를 치를 권리를 주었다.

주나라와 같은 봉건체제에서는 천자-제후-대부-사로 이어지는 각 지배층들의 역할과 권리가 명확하게 규정되어 있었다. 예를 들어 하늘에 대한 제사는 오직 천자의 나라인 주周나라에서만 지낼 수 있었고, 다른 제후국들은 땅 신社과 곡식 신稷에게 제사를 지냈다. 그래서 명나라의 제후국인 조선도 하늘에 대한 제사를 지낼 수 없었고 오직 땅 신인 사社와 곡식 신인 직稷에 제사를 지냈던 것이다. 사직에 대한 제사도 제후가 주재해야 하며 일반 대부는 각자의 가문에서 조상에 대한 제사만을 지냈다. 그런데 성왕이 노나라에 하늘에 대한 제사를 비롯해 천자의 나라에서만 수행하는 제사를 지낼 권리를 준 것이다.

정치와 일상의 삶에서 제사의 영역이 차지하는 비중이 극히 줄어든 현대의 우리가 하늘에 제사를 지낼 권리를 준다는 것이 어떤 의미인지 직관적으로 이해하기는 쉽지 않다. 이런 비유가 이해에 도움이 될지 모르겠다. 마크 트웨인의 소설 『왕자와 거지』에 이런 장면이 나온다. 거지와 신분이 뒤바뀐 왕자가 궁전 바깥에서 갖은 고생을 하는 동안 마일스 헨든이라는 자가 왕자의 신분을 알지 못한 채 그를 돕는다. 자신을 왕자라 주장하는 '거지'에게 헨든은 농담으로 나중에 궁에 돌아가게 되면 자신과 자신의 후손들이 왕 앞에서도 의자에 앉을 권리를 달라고 하고, 왕자는 흔쾌히 허락한다. 헨든은 궁에 돌아가 왕위에 오른 왕자에게 허락을 받은 권리를 사용한다.

왕에게 대부분의 권력이 집중된 왕정국가에서 왕과 얼마나 가까운 관계인지 여부가 권력의 척도가 될 수 있다. 왕을 천자天子, 곧 하늘의 아들이라 부르는 곳에서 제사를 통해 하늘과 소통할 수 있는 권리는 무엇과도 바꿀 수 없는 큰 권리였다. 그런데 건국초기에 형성되었던 봉건 질서가 흔들리던 춘추시대 말기에는 왕의 힘이 약해진 만큼 제사를 지내는 권리도 큰 힘을 발휘하지 못한다. 특히 당시 노나라는 제후 대신에 맹손씨, 계손씨, 숙손씨라는 세 집안이 권력을 나눠 가진 시기였다. 그 중 가장 강한 권력을 가진 계손씨는 노나라 제후가 가진 제사에 대한 권리를 공공연히 자신의 집안에서 행사했다.

예를 들어, 제사를 지낼 때 제례악과 더불어 춤을 추는데 천자가 주재하는 제사는 8명씩 8열로 서서 64명이 춤을 추는 것이 예법이었고, 제후가 주재하는 제사는 6명씩 6열로 36명, 대부는 4명씩 4열로 16명, 사는 2명씩 2열로 4명이 춤을 추는 것이 예법이었다. 당시 노나라는 하늘에 제사를 지낼 권리가 있었으니 노나라 제후가 제사를 지낼 때는 8열의 춤, 곧 팔일무八佾舞를 출 수가 있었다. 그런데 계씨 집안은 대부의 신분으로 자신의 집안 제사에서 팔일무를 추게 했다. 공자는 이렇게 예법을 지키지 않는 모습 속에서 나라의 질서

가 무너지는 징조를 보며 탄식한다.[64]

계씨가 태산에서 지낸 여旅제사도 이와 마찬가지다. 여旅제사는 제후가 나라 안 산천에 지내는 제사인데 이를 주재할 권리는 제후에게 있었다. 실제 산에 신령이 있고 강에 강신江神이 있어 제사를 받는 것인지는 모르겠지만 백성들에게 제사를 주재하는 자가 자신들과 이 산천을 보살피는 자라는 것을 각인시키는 효과는 분명히 있었을 것이다. 그런데 계씨가 제후 대신에 여旅제사를 수행한 것이다. 이는 자신이 노나라의 실질적인 지배자임을 내외에 과시한 행위였다.

이런 소식을 들은 공자는 계씨 집안의 가신으로 있는 염유를 불러 어찌 그런 무도無道한 행태를 막지 못했는지 질타를 한다. 염유처럼 뛰어난 자가 계씨가 수행한 여旅제사의 의미를 몰랐을 리는 없다. 공자는 염유가 계씨 집안의 무도한 행위를 막았어야 했고, 만일 그렇게 할 수 없었다면 그만두어야 했다고 말한다.[65] 이에 염유는 할 수 없었다고 잘라 말한다. 이에 공자는 탄식을 한다. 임방林放도 알고 있는 예의 근본정신을 태산의 신령이 모를 리 없다. 그러니 그런 '무례無禮'한 제사를 받을 리 없다. 임방은 공자에게 예의 근본을 물어 예에서는 검소함이, 상례에서는 슬픔의 표현이 근본이라는 대답을 이끌어 낸 자이다.[66]

공자가 신령의 존재를 믿었기에 이런 말을 한 것일까? 그건 알 수 없다. 하지만 그는 신령을 믿는 자들에 의해 신령이 존재하는 것처럼 작용한다는 것은 알고 있었다. 민심이 천심이라는 말처럼 신령의 마음은 백성들을 통해 드러난다. 계씨가 아무리 재물과 권력을 통해 억지로 태산의 신령에게 제사를 지내더라도 백성들의 마음을 얻지 못한다면 신령의 마음도 얻지 못한다. 아무리 많은 재물로 화려한 제사를 지내더라도 적당하지 않으면 사치라 손가락질 하고, 아무리 흠잡을 데 없이 제사를 치르더라도 슬픔이 드러나지 않으면 무례하다는 것을 알아채는 것이 백성들의 마음이다. 그리고 이런 백성들의 마음이 곧 신령의 뜻이다.

공자가 보기에 계씨뿐만 아니라 염유도 예의 근본을 모르는 건 마찬가지이다. 태산의 신령이 임방만 못하지 않다는 것을 모르는 것은 염유도 마찬가지이다. 이제 더 이상 염유를 설득할 수는 없는 것일까? 염유도 공자가 답답하기는 마찬가지이다. 자신도 나름 최선을 다하고 있는데 꾸지람만 하고 인정해 주지 않는다. 공자의 꾸지람에 이번에는 변명도 하지 않는다. 염유는 할 수 없었던 것不能이 아니라 하지 않은 것不爲은 아닐까? 계씨의 행위에 적극적으로 가담한 것은 아닐까? 스승과 제자의 신뢰관계에 조금씩 금이 가기 시작한다. 이제 염유는 공자에게 거짓말도 서슴지 않는다.

염자가 조정에서 물러나오자, 공자가 "어찌하여 늦었는가?"라고 물었다. 대답하기를 "정사(政事)에 관련된 일을 하고 왔습니다."라고 하자, 공자가 말하였다. "그것은 나랏일이 아니라 계씨의 집안 일이었을 것이다. 만일 나랏일이었다면 비록 내가 직접 참여하지는 않더라도 그 소식을 들었을 것이다."

염유가 밤늦게 돌아왔다. 자식이 부모에게, 제자가 스승에게 출입을 알리는 것은 가장 기본적인 예이다. 염유도 돌아와 스승에게 복귀하였음을 알렸다. 공자는 무슨 일로 이리 늦게 왔는지 제자에게 묻는다. 이제 염유는 스승에게 더 이상 자세한 사정을 이야기를 하지 않는다. 구체적으로 어떤 일이 있었는지 말하지 않고 나라를 다스리는 일政을 하고 왔다는 말만 한다. 염유가 공자에게 자세한 이야기를 하지 않고 늦게 돌아온 것이 이번 뿐만은 아니었을 것이다. 어쩌면 공자는 염유가 언젠가는 자신과 상의할 것이라 기대하며 기다렸는지 모른다. 그런데 염유는 더 이상 자신의 일에 대해 스승과 의견을 나누지 않는다. 이야기해봤자 공자의 반응은 뻔하기 때문이다.

염유의 대답에 대한 공자의 반응도 냉랭하다. '네가 나라를 다스리는 일이라는 것은 나라 전체를 위한 일이 아니라 계씨 집안의 사적인 권력을 위한 일일 것이다. 내가 비록 지위를 가지고 직접 정치에 참여하고 있지는 않지만 많은 사람들이 나에게 여러 일에 대해 조언을 구하고 상의를 하러 온다. 네가 정말로 공적인 나랏일을 한다고 하면 내가 그 소식을 듣지 못할 리가 없다.'

이제 공자는 더 이상 염유를 설득할 수 없다고 느낀 것 같다. 공자는 계씨 집안의 사적인 권력을 위한 무도한 행위에 염유가 가담하고 있다고 직격탄을 날린다. 공자는 비록 관직을 가지고 있지는 않았지만 정치적 원로로서 나라 안의 많은 정보를 알고 있었다. 게다가 염유뿐만 아니라 관직을 가진 다른 제자들을 통해서 얻는 정보도 상당했다. 그러니 염유가 직접 이야기하지 않더라도 그가 하는 일에 대해 어느 정도는 알고 있었을 것이다.

염유는 뛰어난 재능을 가지고 군주를 올바른 길로 유도하기는 커

넝 도리어 반란의 길로 인도하고 있다. 그런 염유는 공자의 어떤 말도 이젠 귀에 들어오지 않는다. 한때 나를 인도해주던, 가장 존경하던 스승은 내 앞길을 가로막는 장애물이 되었다. 한번 금이 간 스승과 제자의 신뢰는 이제 건널 수 없는 강처럼 벌어지고 있다.

　계씨가 전유땅을 정벌하려 할 때, 염유와 자로가 공자를 뵙고 말하였다. "계씨가 곧 전유땅을 정벌할 예정입니다." 공자가 말하였다. "구(염유)야, 이것은 너의 잘못이 아니냐? 전유는 옛날에 선왕께서 동몽산의 제주(祭主)로 삼으셨고 또 우리나라 안에 있으니 이는 사직의 신하이다. 어찌 정벌할 필요가 있느냐?" 염유가 말하였다. "그것은 저의 주군인 계손께서 하려는 것이지 저희 두 신하는 바라는 바가 아닙니다." 공자가 말하였다. "구야, 주임(周任)이 말하기를 '직위를 맡아 자신의 능력을 펴되 더 이상 할 수 없으면 그만두어야 한다'고 하였다. 위태로운데도 붙잡아 주지 못하며 넘어지는데도 부축해 주지 못한다면 신하들이 무슨 소용이 있느냐? 또 신하인 너희들은 바라지 않았는데 주군인 계씨가 바란 것이라는 너의 변명은 잘못되었다. 호랑이와 들소가 우리에서 뛰쳐나오며, 귀한 보물들이 보관함에서 훼손되었다면 우리와 함을 지키는 자의 잘못이지 누구의 잘못을 탓하겠느냐?" 염유가 말하였다. "전유지역은 비읍(費邑)과 가깝고 성곽도 견고하니, 이번 기회에 정벌하지 않으면 나중에 골칫거리(患)가 될 수 있습니다." 공자가 말하였다. "구야, 군자는 그것을 바란다고 하지 않으면서도 취한 후에 어쩔 수 없었다고 변명하는 짓거리는 하지 않는다. 내가 듣기를, 나라(國)와 집안(家)을 다스리는 자는 백성이 적음을 근심(患)하지 않고 균등하지 못함을 근심하며, 가난함을 근심하지 않고 안정되지 못함을 근심한다고 한다. 균등하면 가난함이 없고 조화로우면 백성들이 모여 적지 않을 것이고 안정되면 기울어짐이 없다. 그러므로 먼 지방 사람이 복종해 오지 않으면 문덕을 닦아서 그들을 오도록 해야 하고, 이미 와 있다면 편안하게 해야 하는 것이다. 지금 유(자로)와 구(염유)는 계씨 집안의 신하로서 보좌하면서도 먼 지방 사람이 복종하지 않는데도 오게 하지 못하며, 나라가 분열되고 무너지는데도 지키지 못하고, 그런데도 나라 안에서 무기를 들어 난을 꾀하니, 나는 계손이 근심해야 할 것이 전유에 있지 않고 집안에 있을까 두렵다."

집안의 제사에서 팔일무八佾舞를 추게 하고 제후 대신 태산에 제사를 지내면서 권력에 대한 야심을 공공연히 드러내던 계씨는 이제 무력을 동원해서 권력을 취하려 한다. 전유顓臾는 선왕이 동몽童蒙이라는 산 아래에 봉封하여 전유顓臾에게 그 산에 대한 제사를 주관하도록 한 땅으로 노나라 안에 있으면서 독립성을 보장받고 있었다. 이때 계씨는 삼환三桓[67]중에서 가장 세력이 막강했는데 노나라 전체의 약 반 정도를 차지하고 있었다. 그런데도 더 욕심을 내서 전유를 차지하려 하는 것이다.

공자는 선왕이 봉했고 노나라 안에 있으며, 같은 사직의 신하이니 굳이 정벌을 할 필요가 없는데도 정벌하려는 것은 그 땅을 사적으로 취하려는 의도라는 것을 지적한다. 염유는 자신의 뜻이 아니라 주군의 뜻이기에 어찌할 수 없었다고 변명한다. 이미 공자는 계자연과의 대화에서 신하란 도로써 군주를 섬겨야 하며 그렇지 못할 바에는 그만두어야 한다고 말했다. 이번에는 옛날의 어진 사관史官인 주임周任의 말을 빌려 잘못된 주군의 뜻을 바꿀 수 없다면 그만두어야 한다며 그의 변명을 꾸짖는다.

이에 염유는 더 이상 변명하지 않고 군사를 일으켜 전유를 정벌하려 하는 것은 사적인 이유가 있어서가 아니라 앞으로 있을 나라의 우환을 없애기 위한 것이라 대답한다. 자신은 주군인 계씨의 뜻이 잘못되었다 생각하지만 그를 막을 힘이 없어 어쩔 수 없었다는 태도에서 자신도 적극적으로 이 계획에 참여했음을 밝힌 것이다. 누가 보더라도 계씨 집안의 사사로운 이익을 취하기 위한 계획인데도 노나라 전체를 위한 것이라는 논리를 편다. 공적인 명분을 사사로운 이익을 취하기 위해 교묘하게 사용하는 공인公人들은 예나 지금이나 항상 존재했다.

이런 염유의 태도에 공자는 분노한다. 공자의 문하門下에서의 학습은 나라의 예비 지도자인 군자君子가 되기 위한 과정이라 해도 지나친 말이 아닐 텐데 공자는 염유를 더 이상 군자라고 인정하지 않는다. 군자는 이로움을 보면 먼저 의로움을 생각해야 하는 반면에 소인은 이익을 얻는데 뛰어나다.[68] 그런데 염유의 태도는 실제로는 이익을 먼저 생각하고 있으면서 겉으로는 군자인 것처럼 그것이 의로운 행위라고 변명하고 있는 것이다. 공자가 보기에 이런 염유는 군자는커녕 소인보다도 못한 자이다.

그동안 공자는 더 이상 설득해봤자 소용없다는 것을 알았기 때문에 염유에게 하고 싶은 말을 많이 참아왔다. 이제 염유의 구차한 논리를 강하게 꾸짖으며 참았던 말들을 쏟아낸다. 염유는 전유가 전략적 요충지인 비읍에 가까이 있으며 동몽산을 품고 있으며 견고한 성곽을 갖추고 있기에 혹시라도 그곳에서 반란을 일으키면 후대의 근심거리가 될 수도 있기에 미리 취한다는 논리를 편다. 이에 공자는 국가를 운영하는 자의 근심거리는 그런 것이 되어서는 안 된다 말한다. 지도자는 부족함을 근심하지 말고 균등하지 못함을 근심하고, 가난함을 근심하지 말고 불안함을 근심해야 한다. 계씨 집안은 나라의 반을 독차지하고 있으면서도 여전히 부족함을 근심하여 전유라는 노른자 땅을 차지하여 더 부유해질 것을 바라고 있다. 이는 국가를 다스리는 자의 근심이 아니다.

고대 중국에서는 군주와 백성의 관계를 부모와 자식의 관계에 비유한다. 군주가 백성의 부모인 것이다. 그럼 어떤 군주가 백성의 부모라 할 수 있는가. 백성이 좋아하는 것을 함께 좋아하고 백성이 싫어하는 것을 함께 싫어하는 군주를 부모라 할 수 있다.[69] 백성들은 부족함보다는 균등하지 못함을 더 걱정한다. 풍족하지 못했던 시기보다 물질적으로 훨씬 풍족한 시기에 불행하다 느끼는 사람들이 더 많아지는 것은 절대적 가난보다 균등하지 못함으로 느끼는 상대적 가난이 더욱 견디기 힘들기 때문이다.

또 가난보다 더한 근심은 불안한 삶이다. 그러니 다스리는 자는 나라의 질서를 어지럽혀 백성들의 삶을 불안하게 하는 외국의 침입으로부터 백성을 지켜야 하며 내부의 혼란이 일어나지 않도록 질서를 유지해야 한다. 그런데 지금 계씨는 도리어 군사를 일으켜 백성들의 불안을 조성하고 있지 않은가? 공자가 보기에 계씨가 근심해야 할 것은 전유땅을 취함으로써 부족함을 메꾸려 할 것이 아니라 자신이 다스리는 백성들이 균등하고 안정된 삶을 살도록 하는 것이다. 그렇지 않았을 때 진정한 근심거리는 집안에서부터 싹틀 것이다.

마침내 염유를 내치는 공자

> 계씨가 주공보다 부유하였는데도 구(염유)가 그를 위해 세금을
> 많이 거둬 재산을 더욱 늘려주었다. 이를 보고 공자가 말하였다.
> "구는 더 이상 우리 문하사람이 아니니, 제자들아, 북을 울려 그 죄
> 를 성토해도 괜찮다."

공자는 더 이상 염유를 품을 수 없었다. 염유는 능력이 부족하거
나 힘에 부쳐 스승의 가르침대로 행하지 못하는 것이 아니라 적극
적으로 반대의 길을 걷고 있는 것이다. 주공이 분봉分封받은 지 수
백 년이 지난 노나라는 많은 물질적 성장을 했다. 고대 중국의 큰 혼
란기인 춘추전국시대는 농업생산력의 발달과 상공업의 성장에 의
한 부의 축적이 혼란의 주요한 원인 중 하나였다. 주공이 다스리던
때보다 몇 배, 몇 십 배 성장한 노나라 땅의 거의 절반을 차지하고
있는 계씨의 부는 어마어마했을 것이다. 그런데도 염유는 자신의 뛰
어난 행정 능력을 발휘하여 더 많은 세금을 거두어 계씨의 부를 더
욱 늘려주었다.

다시 말하지만 염유는 재주가 뛰어난 자이다. 그러니 공자가 계씨
에게 자신 있게 추천하지 않았는가. 그러나 잘 드는 칼은 어떻게 사
용하느냐에 따라 음식을 만들어 사람을 배불리 먹이는 요리사의 도
구가 되기도 하고, 사람을 죽이는 망나니의 도구가 되기도 한다. 염
유의 재주는 지금 사람을 죽이는 데에 쓰이고 있다. 일찍이 공자는
군자가 그릇이 되어서는 안 된다고 말했다. 그릇은 이미 쓰임새가
정해져 있기도 하지만 쓰는 사람에 따라 사용처가 결정되는 도구이

기도 하다. 공자는 이미 염유가 군자가 아님을 이야기했다. 이제 그의 재주는 사용하는 사람에 따라 사람을 죽이기도 하고 살리기도하는 도구가 되었다. 도구는 쓰임새의 결과에 신경 쓰지 않는다. 좋은 도구는 사용하는 사람의 의도가 잘 실행될 수 있게 한다. 공자는 철저한 도구가 된 염유를 파문한다. 그리고 제자들에게 그를 성토해도 좋다고 허락한다.

염유는 알려진 바에 의하면 유일하게 공자에게 파문 당한 제자이다. 삼천에 달한다는 수많은 제자 중에서 쫓겨난 제자가 없기야 했을까마는 염유처럼 재능이 뛰어나고 공자의 기대를 받았던 제자는 없었다. 그의 파문을 선언하는 공자의 마음은 어떠했을까? 자신을 배신한 제자에게 분노를 느꼈을까? 겉으로 드러나는 재능만 보고 그를 높이 평가한 자신을 한탄했을까? 계씨에게 추천했던 것을 후회했을까? 시간이 지나 분노와 한탄과 후회의 감정이 잦아들 때 염유와 함께 즐겁게 지냈던 과거의 추억도 그의 마음에 떠올랐을 것이다.

공자가 위나라에 갈 때에 염유가 수레를 몰며 수행했다. 공자가 감탄하며 말했다. "백성들이 많구나." 이를 들은 염유가 "백성들이 많으면 그 다음에는 무엇을 해야 합니까?" 하고 묻자. "부유하게 해 줘야지." 하였다. "이미 부유하다면 그 다음에는 무엇을 해야 합니까?" 하고 묻자, "가르쳐야지." 라고 하였다.

유학에 대한 선입관 중 하나는 유학에서는 인의예지仁義禮智나 충효 등의 추상적인 가르침을 우선한다는 생각이다. 이 대화에서 알 수 있듯이 공자의 정치사상에서 위정자가 가장 먼저 해야 할 일은 백성들이 풍족하고 안정된 삶을 살도록 하는 것이다. 그 다음에 그 공동체가 안정적으로 유지 발전할 수 있도록 백성들이 조화로운 삶을 살아갈 수 있는 교육을 해야 한다. 이러한 교육도 지금의 학교처럼 지식을 가르치는 것이 아니라 위정자를 비롯한 사회 지도층들이 자신의 삶으로 모범을 보이면서 자연스럽게 교화되도록 해야 한다는 것이 공자의 생각이다.

지금까지 살펴본 것처럼 『논어』에서 염유가 등장하는 장면에서는 항상 긴장감이 느껴진다. 앞서 소개한 대화는 거의 유일하게 공자와 염유가 편하게 나눈 대화이다. 스승이 가는 길을 수행하는 제자, 스승이 무심코 내뱉는 말을 허투루 듣지 않고 가르침을 얻기 위해 민첩하게 질문하는 제자와 그 질문에 친절히 대답하는 스승. 일반적인 사제지간의 모습으로, 아름다운 광경이다. 공자가 염유를 파문시키는 구절을 읽을 때 필자는 스승과 제자의 대화가 잔잔하지만 아름답게 묘사된 이 구절을 떠올렸다. 어쩌면 공자도 과거에 염유와 함께 나누었던 즐거운 대화를 떠올리지 않았을까.

5장

재아(宰我)와 번지(樊遲)

지금까지 살펴 본 네 명의 제자들 말고도 공자에게는 수많은 제자들이 있었다. 『사기』에 의하면 공자의 말년에는 삼천 여명의 제자들이 있었고 그 중에서 72명 정도가 이름을 떨쳤다고 한다. 그 중 자로, 자공, 안연, 염유는 『논어』에 상대적으로 많이 언급되었고, 각자의 개성이 뚜렷해서 이들과의 대화에서는 공자의 사상이 잘 드러난다. 이들만큼 비중을 차지하지는 않았지만 이들 이상으로 뚜렷한 개성이 드러나는 두 제자가 있다.

'재아'는 공자가 자공 만큼 언변이 뛰어나다고 인정한 제자이다. 말을 잘하는 사람을 별로 신뢰하지 않는 공자는 자공을 처음 봤을 때와 마찬가지로 재아에게 그리 친절하지 않았다. 자공은 공자의 핍박(?)에도 굴하지 않고 끊임없이 노력해서 공자의 신임을 얻게 되지만 재아는 끝까지 공자로부터 미움(?)을 받는다.

재여(재아)가 낮잠을 자자, 공자가 말하였다. "썩은 나무를 재료로 해서 조각할 수 없고, 거름흙으로 쌓은 담장은 흙손질 할 수가 없다. 그러니 내가 재아에 대하여 꾸짖을 것이 있겠는가." 나중에 공자가 다시 말하였다. "내가 처음에는 사람을 대할 때 그의 말을 듣고 말대로 행동할 것이라 믿었는데 지금은 사람을 대할 때 그의 말을 들은 후에 바로 믿지 못하고 그가 말대로 행동하는지를 확인하게 되었다. 내가 여(재아)를 알게 되면서 이렇게 바뀌었다."

낮잠을 좀 잔 것치고는 공자의 힐난이 너무 심하다. 그래서 그런지 혹자는 재아가 단순히 낮잠을 잔 것이 아니라 대낮에 누군가와 잠자리를 했다고 해석하기도 한다. 이렇든 저렇든 이 한 번의 행위를 보고 공자가 이렇게 심하게 말하지는 않았을 것이다. 재아를 썩은 나무와 거름이 섞인 흙에 비유하면서, 아무리 잘못을 지적해봤자 소용이 없으니 꾸짖을 가치도 없다며 혀를 찬다. 그 다음 말은 더 심하다. 이전에는 다른 사람이 어떤 말을 하면 그 말을 그대로 믿었는데 재아를 알면서부터 말만으로는 믿지 못하고 실제로 그 말대로 행동하는지 확인하게 되었다는 것이다. 이 말은 재아가 말만 하고 실천하지 않는다는 것을 돌려 말한 것이다.

파문까지 당한 염유한테도 이렇게 심한 소리를 하지 않았던 공자이다. 재아의 어떤 점이 그리 못마땅한 것일까? 그런데 공자는 정말로 재아의 자질이 가르쳐도 소용이 없고, 실천은 하지 않고 말만 하는 자라고 여겼기 때문에 이런 말을 한 것일까? 정말 그리 여겼다면 어려운 시기에 함께 고락을 나누었던 것을 회상하며 왜 그를 언어에서 자공과 버금가는 재능을 가졌다고 평가했을까?[70] 공자의 힐난을 조금 다른 관점에서 해석해 볼 수 있지 않을까?

선생님은 모든 학생을 동등하게 대해야 한다. 하지만 선생님도 사람인지라 꼭 그럴 수만은 없다. 같은 잘못을 해도 어떤 학생은 크게 혼내고 또 어떤 학생은 그냥 넘어가거나 작은 경고만을 주고 넘어가기도 한다. 그런데 더 크게 혼내는 학생이 꼭 더 마음에 안 들기 때문만은 아니다. 도리어 더 관심이 가고 기대가 되기 때문에 그런 경우도 있다. 또 그 학생이 선생님의 그런 질책을 받아들인 만한 관계일 때 가능하다.

재여와 공자의 관계도 혹시 그런 것은 아닐까? 몇 가지 대화를 통해 좀 더 상상해보자.

재아가 물었다. "인(仁)한 사람은 우물에 인(仁)이 있다는 말을 듣는다면 인을 추구하기 위해 우물에라도 따라 들어가겠습니다." 공자가 말하였다. "어찌 그렇게 하겠느냐. 군자는 우물까지 가게 할 수는 있으나 빠지게 할 수는 없으며, 순간적으로 속일 수는 있어도 계속 속일 수는 없다."

재아의 질문은 특이하다. 다른 제자들의 경우 보통 '인仁이 무엇입니까, 효孝가 무엇입니까, 정치政가 무엇입니까'라고 묻거나, 자신의 현재 상황에 대한 조언을 구하는 등 일반적으로 제자가 스승에게 가르침을 얻을 만한 질문을 한다. 그런데 이 질문은 뜻과 의도 자체를 읽기 어려운 수수께끼 같다.

인자仁者는 인한 자이면서 인을 추구하는 자이다. 그러니 누군가가 그에게 '당신이 추구하는 인仁이 저 우물 안에 있습니다.'라고 말한다면 우물 안에까지 따라갈 것이다. 그런데 우물 안에 인仁이 있을 리가 없다. 그 말에 속아 우물에 뛰어든다면 다치거나 목숨을 잃을 수도 있다. 지금 재아의 물음에는 공자가 강조하는 인자仁者가 어리석을 수 있다는 날카로운 비판이 숨겨져 있다.

재아의 질문은 스승에게 가르침을 얻기 위해서라기보다는 스승의 가르침이 가지고 있는 허점을 폭로하려는 것 같다. 우리에게도 인仁은 공자의 중요 사상 중 하나로 알려져 있다. 많은 제자들이 공자에게 인에 대해 물었고 공자는 묻는 자의 성향과 상황에 따라 대답을 해주었다. 이런 문답 말고도 공자가 인에 대해 한 많은 말들이 『논어』에 남아 있다. 그런데 재아가 보기에 인에는 허점이 많아 보인다. 인자는 인을 추구하기 위해서 물불을 가리지 않는다. 그런 상황을 재아는 다른 사람의 말에 속아 우물에까지 인을 찾아 쫓아 들어가는 어리석은 사람을 통해 묘사한다. 이 질문은 스승에 대한 공격이자 비판이다.

참고로 주자의 주석을 비롯한 전통적 해석은 우물에 있는 인仁은 사람 인人의 오자로 해석한다. 그래서 재아의 질문을 우물에 사람이 빠졌다고 듣고 그를 구하기 위해 우물로 쫓아 들어가는 사람으로 풀이한다. 우물에 빠진 자를 구하는 행위가 인仁한 행위로 두 가지 해석 다 재아의 물음의 의도를 드러내니 어느 해석이 더 맞는지는 따지지 않겠다.

공자는 재아의 질문에 전적인 긍정도, 부정도 하지 않는다. 누군가 군자를 속일 수는 있지만 그 속임은 일시적일 뿐이지 계속될 수는 없다고 대답한다. 여기서 공자는 재아가 인자에 대해 질문했는데 군자君子에 대해 대답한다. 인자와 군자의 차이는 무엇일까? 군자는 인자여야 하지만 인자라고 다 군자가 되는 것은 아니다. 재아는 모든 인을 구별하지 않고 그것이 어리석을 수 있는 가능성을 가지고 질문했다. 그런데 공자에게 인은 크게 두 가지로 나눌 수 있다. 배움을 좋아하는 자의 인과 그렇지 않은 자의 인이다. 그는 자로에게 육언육폐六言六蔽에 대해 말하며 배움을 좋아하지 않는 인이 어리석을 수 있음을 경고했다.[71] 공자가 여기서 말하는 군자는 배움을 좋아하는 인자라 할 수 있다.

군자는 항상 인을 추구하는 자이기에 그를 속여 거짓된 인으로 인도할 수는 있다. 하지만 그는 또한 배움을 좋아하는 자이기에 우물에 빠지는 것처럼 거짓에 빠지지 않는다. 일시적인 속임이 그를 잘못으로 인도할 수는 있지만 배움을 통해 같은 잘못을 두 번 하지 않기에 不二過 계속 속일 수는 없다.

재아는 공자의 대답에 만족했을까? 대답을 들은 재아의 반응은 기록되어 있지 않기에 알 수 없다. 어찌 되었든 재아의 도발은 계속된다.

재아가 물었다. "스승님, 1년이라도 긴 시간인데 3년의 상은 너무 길지 않습니까? 군자가 3년 동안 예(禮)를 행하지 않으면 예가 반드시 무너지고, 3년 동안 악(樂)을 익히지 않으면 악이 반드시 무너질 것입니다. 1년이면 묵은 곡식이 이미 없어지고 새 곡식이 익으며, 불씨를 취하는 나무도 바뀌니, 1년 상이면 충분하지 않겠습니까."라고 하자, 공자가 "너는 부모가 돌아가셨는데 쌀밥을 먹고 비단옷을 입는 것이 마음에 편안하겠냐?"라고 물으니, 재아가 대답하기를 "편안합니다." 하였다. 이에 공자가 말하였다. "네가 편안하거든 그리 하라. 군자가 부모가 돌아가신 후에 상례를 치르는 것은 맛있는 것을 먹어도 그 맛을 모르고 음악을 들어도 즐겁지 않으며 거처함에 편안함을 느끼지 못하기 때문이다. 그런데, 네가 편안하거든 그렇게 하도록 해라." 재아가 밖으로 나가자, 공자가 말하였다. "여(재여)는 인하지 못하구나. 자식이 태어나서 3년이 된 뒤에야 부모의 품을 벗어난다. 3년의 상은 그런 부모의 은혜를 잊지 않기 위한 천하의 공통된 것인데, 재여는 부모에게서 3년의 사랑을 받지 못하였던가."

인류 역사상 사회 모든 분야에서 급격한 변화를 겪은 시기가 세

번 있었다. 고대 중국의 춘추전국시대, 고대 희랍의 페르시아 전쟁부터 헬레니즘 시대까지 그리고 서유럽의 근대이다. 어느 정도 시간이 지나 우리가 살고 있는 이 시대의 대한민국을 객관적으로 조망할 수 있다면 우리가 겪고 있는 이 변화도 후대의 역사에 그리 쓰일지도 모르겠다.

어쨌든 공자와 재아가 이런 대화를 나누고 있는 춘추시대 말기는 정치, 경제, 문화, 사상 등 사회 전 분야에 걸쳐 기존의 질서와 가치관이 무너지면서 모두가 새로운 질서를 찾기 위해 노력하던 시대였다. 그런 시대에 살고 있는 재아의 눈에 나라의 지도자가 자리를 비우고 3년의 상을 치른다는 것은 비효율적일 뿐만 아니라 나라의 존망을 위태롭게 할 수도 있는 일이다. 그렇다고 상례 자체를 없앨 수는 없는 일이니 타협책으로 1년의 상을 스승에게 제안한 것이다.

이 대화는 자공이 곡삭告朔의 예에서 양을 희생시키는 절차를 없앨 것을 물었던 대화를 연상시킨다.[72] 그때 공자는 자공이 양을 아끼는 반면에 자신은 예를 아낀다고 대답했다. 그에게는 양을 희생시키는 형식보다도 그 형식에 담긴 예의 근본정신이 중요하기 때문이다. 공자가 보는 예의 근본정신은 형식의 검소함에 있고 인간의 희로애락의 정서를 올바르고 적당하게㆔ 표시하는 것에 있다. 상례에서는 흠잡을 데 없이 빼어난 절차적 진행보다는 부모를 잃은 슬픔을 드러내는 것에 그 근본정신이 있을 것이다.

재아에게 그런 가르침을 주기 위해 공자는 부모가 돌아가셨는데도, 쌀밥을 먹고 옷을 입으면 편안함을 느끼느냐고 묻는다. 공자의 이 물음은 그 가부可否를 알기 위해 물은 것이 아니라 다음 이야기의 길잡이로 사용하기 위한 것이다. 그는 재아가 당연히 편안하지 않다고 대답하리라 기대했다. 그럼 그 다음에 그 편안하지 않은 이유에 대해 이야기하면서 삼년상에 담긴 예의 정신을 이야기했으리라. 그런데 재아는 예상치 못한 답을 한다. '네, 편안합니다.'

재아의 대답은 공자를 허탈하게 한다. '됐다, 편안하다면 넌 하고 싶은 대로 해라. 더 이상 말할 것도 없다.' 재아가 나간 후에야 공자는 재아의 물음에 대해 하려고 했던 대답을 다른 제자들에게 한다. 상례는 부모를 잃은 슬픔을 그 형식에 드러내는 것이다. 3년의 상을 치르는 동안에는 거친 밥을 먹고 거친 옷을 입고 묘 옆에 초막을 치고 거처한다. 이는 슬픔 때문에 먹어도 맛을 못 느끼고 좋은 음악을 들어도 그 즐거움을 느끼지 못하며 안락한 집에서도 편안함을 느끼지 못하기 때문이다. 그런데 왜 그 기간이 3년이어야 하는가? 누구는 3년보다 짧은 시간에 편안함을 되찾을 수 있고 누구는 3년이 훨씬 지나서도 편안함을 못 느낄 수도 있다. 앞서 옛 성인이 과함過과 모자람不及의 중용中庸을 찾아 3년의 상례를 정립했다는 『예기禮記』의 글귀를 소개했다. 공자는 옛 성인이 그 기간을 3년으로 둔 이유가 태어나서 3년 동안은 부모의 품과 사랑 안에서 컸기 때문으로 해석한다.

이 정도만 설명하면 되는데 공자는 재아에 대해 토를 단다. '재아가 부모가 돌아가셔도 편안하다고 했는데, 저놈은 태어나서 3년 동안 부모의 품 안에서 사랑을 받지 못했단 말인가.' 어지간히 재아의 태도에 뿔이 났나 보다.

그런데 재아는 정말로 부모가 돌아가셔도 슬픔을 느끼지 못해서 공자의 질문에 편안하다고 대답했을까? 설사 정말로 그렇다 하더라도 스승의 질문에 대놓고 편안하다고 말한 것은 솔직한 대답이라기보다는 차라리 반항을 했다고 보는 것이 맞을 것이다. 재아는 이 물음을 통해 예의 근본정신에 대해 알고 싶은 것이 아니라 모든 나라가 생존을 위해 치열하게 경쟁하고 있는 춘추시대 말기의 혼란한 시기에 어떻게 경쟁에서 밀리지 않고 발전할 수 있을지에 대한 고민을 삼년상이라는 형식에 담아 물은 것이다. 여기에는 공자의 예악사상에 대한 날카로운 비판도 있다. 지도자가 예의 본을 보이고 백성들이 그 본을 따름으로 나라의 질서와 안정을 이룰 수 있다는 것이 공자의 예치禮治사상이다. 그런데 재아는 예의 모범을 보이려는 삼년상이 도리어 예악의 통치시스템을 붕괴시킬 수도 있다는 모순을 지적한다.

이에 대한 공자의 대답은 재아가 원했던 방향이 아니다. 자로가 위나라 재상이 되면 무엇을 먼저 할 것이냐고 물었다가 공자의 정명正名이라는 대답을 듣고 답답함을 호소했던 것처럼, 재아도 답답함을 느낀다. 그러니 공자의 편안하냐는 물음에 그 의도를 뻔히 알면서도 편안하다는 대답으로 반항을 한 것이다. 그 반항에 대해 공자도 역시 모범(?)적이지만은 않은 태도를 보인다. 과하게 해석하자면 좀 삐진 것 같다. '난 모르겠으니까 너 하고 싶은 대로 해.' 사제 간이라기보다는 의견이 다른 친구끼리 서로 다투는 것 같지 않은가?

인자가 우물에 빠질 것이라는 물음과 삼년상에 대한 물음에서 공자 문하門下의 분위기를 엿볼 수 있다. 제자들마다 스타일이 다르겠지만 적어도 재아처럼 스승의 사상을 비판하거나 스승과 다른 의견을 개진하는 것도 그 안에서는 허용되었다. 안연처럼 하루 종일 스승과 있으면서 그의 말에 토를 달지 않는 제자도 있는 반면에 재아처럼 스승이라고 그 말을 그대로 받아들이지 않고 의심하며 비판하는 제자도 있다. 공자는 안연이 자신보다 낫다고 여러 번 이야기했고 그를 통해 배우고자 했다. 비록 공자가 표현을 하지는 않았지만 아마 재아도 안연과는 다른 면에서 공자가 자신을 돌아보고 반성하는 자극을 주어서 배움을 좋아하는 삶을 계속할 수 있게 해주는 소중한 제자였을 것이다.

'번지樊遲'는 재아와는 아주 상반된 개성을 보여준다. 『논어』에 묘사된 그의 모습은 뛰어난 재능과 개성을 보여주는 다른 제자들과 달리 우직하지만 이해력은 조금 떨어진다. 공자가 '나의 도는 일이관지다'라는 말을 했을 때 그 말을 이해한 증자와 달리 공자가 나간 후에 그 뜻을 증자에게 물어본 다른 문인들의 수준과 비슷했던 것 같다.[73] 그러니 필자를 비롯해 이 글을 읽고 있는 대부분의 독자들과 비슷한 평범한 인물이었을 것이다. 그래서 더 친근하게 느껴지고 그의 질문과 그에 대한 공자의 대답이 다른 제자들과의 문답보다 직관적으로 이해하기가 쉽다.

맹의자가 효에 대해 묻자, 공자가 "어긋남이 없어야 한다."라고 대답하였다. 만남을 마치고 돌아가는 길에 번지가 수레를 몰고 있는데, 공자가 말하였다. "맹손씨가 나에게 효에 대해 묻기에 내가 '어김이 없어야 한다'고 대답하였다." 번지가 "그것이 무슨 뜻입니까?" 하고 묻자, 공자가 말하였다. "살아 계실 적에는 예로 섬기고, 돌아가시면 예로 장사지내고 예로 제사지내는 것이다."

번지는 공자의 수행 비서이자 운전기사 같은 역할을 했다. 공자가 맹의자와 만나는 길에도 어김없이 수레를 몰고 동행했다. 둘이 대화를 나누는 동안에 번지는 바깥에서 대기하고 있어서 안에서 어떤 대화를 나누었는지는 듣지 못했다. 대화 중에 맹의자가 공자에게 효에 대해 질문한다. 공자는 그에게 어긋남이 없어야 한다고 대답한다. 그런데 이 대화는 여기에서 끝난다. 아마 공자는 맹의자가 '무엇에 대해 어긋나지 말아야 하느냐'는 다음 질문을 할 것이라 기대했던 것 같다. 그러나 맹의자는 더 이상 공자의 이야기를 듣기 싫어서인지 아니면 이미 무슨 뜻인지 알기 때문인지 아무 말도 하지 않는다. 이는 안연이나 자공처럼 자세한 설명 없이도 직관적으로 공자의 뜻을 이해하는 경우와 다르다. 어긋남이 없어야 한다는 말은 '무엇'이 빠져있는 불완전한 대답이다. 그런데 맹의자는 그 '무엇'을 묻지 않았다. 공자의 대답에서 그가 효에 대한 문답을 통해 자신을 비판할 것이라는 판단에서 더 이상 대화를 끌고 가지 않았던 것 같다.

　공자는 마치지 못한 문답이 계속 마음에 걸렸나 보다. 대화를 마치고 나와 돌아가는 길 위에서 수레를 모는 번지에게 조금 전에 있었던 대화를 이야기해준다. 맹의자가 효에 대해 묻기에 그것은 어긋남이 없어야 한다고 대답했다고 말이다. 번지는 공자의 기대를 저버리지 않고 그것이 무슨 뜻인지 즉각 물어본다. 공자는 번지에게 친절하게(?) 대답해준다. 그것은 살아계실 때나 돌아가셨을 때나 예禮로 섬기고 장사를 지내고 제사를 지내는 것이다. 이 대답을 통해 공자가 맹의자에게 하려고 했던 말은 예에 어긋나지 말아야 한다無違禮는 것이었음을 추측할 수 있다.

위정爲政편에는 맹의자 말고도 여러 사람이 공자와 효에 대해 나눈 대화가 연이어 나온다. 맹무백孟武伯이 물었을 때는 부모는 오직 자식이 몸이 아플까 만을 걱정하게 해야 한다고 대답하고,[74] 자유子游의 물음에는 물질적인 봉양만이 효가 아니라 하고,[75] 자하子夏가 물었을 때는 얼굴빛을 온화하게 하는 것이 부모의 일을 대신하고 음식을 대접하는 것보다 더 중요하다 말한다.[76] 다시 반복하면 공자에게는 시대와 장소와 사람을 초월하여 누구에게나 똑같이 적용되는 '진리'는 없다. 그에게 진리는 다른 시간, 다른 장소에서 벌어지는 독특한 상황에서 구체적으로 드러나는 것이고, 그 상황에 맞는 적절함中이다. 문자로 표현된 질문은 같더라도 그 질문은 각각 다른 기질을 가지고 있고, 서로 다른 독특한 경험을 했고, 다른 상황에 처한 사람들이 하는 것이기에 같은 질문일 수 없다. 그러니 똑같은 질문으로 보이는 '다른' 질문에 대해 대답은 다를 수밖에 없다.

이 질문을 한 맹의자는 당시 노나라의 국정을 농단하고 있는 세 가문 중 하나인 맹손씨에 속해 있다. 공자는 효에 대한 문답으로 그 집안의 무례함을 지적하고 싶었던 것이다. 이를 직감한 맹의자는 더 이상 대화를 이끌어가고 싶지 않았다. 이럴 때 번지는 충실한 대화 상대자이다. 맹의자와의 대화에서 기분이 상한 공자는 자신이 언제든 편하게 이야기할 수 있는 '운전기사'인 번지를 통해 하려던 이야기를 마저 한 것이다.

말은 배설물과 비슷하다. 밖으로 내뱉으려고 준비된 말은 소화가 완료되어서 밖으로 내보내야 하는 정신적인 배설물이다. 그런데 어떤 이유에서든 준비된 말을 하지 못했을 때는 다른 곳에서라도 내

뱉어야 한다. 그렇다고 아무데서나, 아무한테나 내뱉을 수는 없다. 그럴 때 그것을 받아줄 수 있는 자들이 나와 가까운 배우자이고 가족이고 친구이다. 번지도 공자에게 그런 사람이었다.

번지는 공자를 항상 가까이에서 수행하면서 많은 질문을 한다. 그런데 다른 제자에 비해 자질이 좀 부족했던 것 같다. 공자의 대답을 듣고 바로 이해하지 못해 추가적인 설명을 요구한 다음에 그 설명을 듣고도 뜻을 완전히 파악하지 못해서 다른 제자에게 묻기도 한다.

> 번지가 인에 대해 묻자, 공자가 "사람을 아끼는 것이다."라고 하였다. 앎에 대해 묻자, 공자가 "사람을 아는 것이다."라고 하였다. 번지가 그 뜻을 이해하지 못하자, 공자가 말하였다. "곧은 것을 들어 굽은 것 위에 놓으면 굽은 것을 곧게 할 수 있는 것이다." 그래도 이해가 되지 않은 번지는 물러가서 자하에게 다시 물었다. "지난번에 선생님을 뵙고 앎에 대해 물었더니, 선생님께서 '곧은 것을 들어 굽은 것 위에 놓으면 굽은 것을 곧게 할 수 있는 것이다'라고 하셨는데, 무슨 말씀인가?" 자하가 말하였다. "넘치는 말씀이구나! 순임금이 천하를 다스릴 때 여러 사람 중에서 고요를 발탁하여 일을 맡겼더니 불인한 자들이 멀리 사라졌고, 탕임금이 천하를 다스릴 때 여러 사람 중에서 이윤을 발탁하여 일을 맡겼더니 불인한 자들이 멀리 사라졌다."

번지가 공자에게 인仁과 앎知에 대해 물어본다. 사람을 아껴야 한다는 인에 대한 대답은 쉽게 이해가 되었나 보다. 그런데 사람을 아는 것이 앎이라는 대답은 선뜻 이해가 되지 않는다. 앎의 대상은 여러 가지가 있을 것이고 그 대상 중 하나가 사람일진데 어째서 사람을 아는 것만이 앎이 될 수 있는 것인가? 번지의 표정에서 그가 이해하지 못하고 있다는 것을 알아챈 공자는 보충설명을 한다. 그런데 그 설명이 번지를 더 알쏭달쏭하게 만든다. 곧은 것을 들어 굽은 것 위에 놓아 굽은 것을 곧게 만들다니. 이런 것이 앎과 무슨 상관이 있단 말인가? 하지만 이해가 안 된다고 스승에게 다시 물을 수는 없었다. 공자는 스스로 깨우치려 노력하지 않으면 길을 열어주지 않는다. 이 정도 이야기했으면 홀로 고민해봐야 했다.

번지는 혼자 아무리 고민해도 그 뜻을 깨우칠 수 없어 결국 자하에게 고민을 토로한다. 역시 공자에게 문학에 뛰어나다는 평가를 받는 제자답게 자하는 공자의 뜻을 바로 이해한다. 자하는 공자의 설명에 역사적 인물의 예를 덧붙여 번지에게 그 뜻을 상세히 설명한다. 그런데 자하의 설명을 들어도 그것이 왜 앎에 대한 대답이 되는지 선뜻 이해하기는 어렵다. 그것이 자하 같은 영재와 번지 같은 범재의 차이일까? 먼저 공자와 자하의 설명을 근거로 공자의 '사람을 아는 것이 앎이다'라는 말의 뜻을 추측해보자.

이미 말했듯이 앎의 대상은 여러 가지다. 무한대라고 해도 과언이 아니다. 앎이 커질수록 그 대상의 폭도 넓어지고 가짓수도 많아진다. 그런데 이 모든 앎의 주체는 무엇인가? 사람이다. 그리고 어떤 것을 알고자 할 때, 직간접적으로 모두 사람과 연결된 앎이다. 칸트에 의하면 사람은 사람만이 가지고 있는 보편적인 사고의 틀에 의해서 세상을 해석한다. 그리고 그 해석된 것을 '객관적 세상'으로 여기며 살아간다. 곧 모든 앎은 사람과 연결되어 있다.

그런데 공자의 말은 이런 '객관적 진리'에 대한 한계를 말하기 위한 것이 아니다. 공자는 좀 더 현실적이고 실천적인 관점에서 사람에 대한 앎을 말한다. 공자가 보충해서 설명한 '곧은 것을 굽은 것 위에 놓는 것'은 노나라 군주인 애공哀公이 어떻게 하면 백성들이 복종하게 할 수 있는지 물어봤을 때 공자가 한 대답이다. 곧 나라의 질서를 어떻게 유지할 것인가 하는 정치적 물음에 대한 답이다.[77] 여기서 곧은 것直을 굽은 것枉 위에 놓는다는 것은 다스리는 지위에 합당한 자인 곧은 자를 발탁하여 그 자리에 놓아야 한다는 말이다. 이를 다른 말로 하면 군자君子를 소인小人 위에 놓아야 군자의 올바름에 의해 소인이 다스려진다는 뜻이다. 공자가 보기에 군자는 올바름義을 바탕으로 깨달음을 얻고 소인은 이익利을 추구하는 데 밝다.[78] 각자의 이익을 다투는 소인들끼리의 분쟁은 올바름을 기준으로 해서 조정해야 한다. 그럴 때 백성들은 그 기준에 복종할 것이다. 그런데 만일 그 다툼을 조정해야 하는 자가 자신의 이익을 기준으로 공동체를 다스린다면 백성들은 모두 자신의 이익만을 위해 다툴 뿐 그 다스림에 복종하지 않을 것이다.

이런 공자의 의도를 안 자하는 고요와 이윤이라는 곧은 자直의 예를 든다. 고요는 순임금이 형벌을 주관하도록 발탁한 인물로 순임금을 도와 우虞나라가 태평성대를 이루는데 공을 세운 인물이다. 이윤은 탕임금에게 발탁되어 그가 하나라의 폭정을 물리치고 은나라를 세우는데 큰 공을 세운 인물이다. 이런 인물들이 굽은 자들을 다스리자 굽은 자들도 곧은 행동을 하게 된다. 여기서 고요와 이윤이 곧은 자들이라면 사람을 아는 자知人들은 누구일까? 바로 순임금과 탕

임금이다. 그들이 사람의 본성을 알았기에 곧은 자를 찾아서 그 자리에 앉힌 것이다. 그 결과 그들이 다스리던 시대에 나라 안의 모든 백성들은 태평성대의 시기를 보냈다. 이런 앎이 앎의 전부라고 할 수 없지만 어떤 앎보다 중요한 앎이라고 할 수는 있지 않을까?

그런데 공자는 왜 번지의 물음에 이런 대답을 했을까? 공자는 어떤 물음이든지 묻는 사람에 따라 다른 대답을 한다. 아니, 같은 이야기이지만 그 사람에 맞는 적절한 대답을 한다. 공자가 이 대답이 번지에게 적절하다고 생각한 이유는 이어지는 문답을 통해 추측할 수 있다.

공자에게 직접 앎이 무엇인지 물어본 제자는 번지가 유일하다. 게다가 번지는 같은 질문을 두 번이나 한다.

> 번지가 앎에 대하여 묻자, 공자가 말하였다. "백성들이 올바르게 살아갈 수 있게 하는 데 힘쓰고 귀신을 공경하되 멀리한다면 안다고 말할 수 있다." 인에 대하여 묻자, 또 말하였다. "인한 사람은 어려운 일을 먼저 하고 얻는 것을 뒤에 하니, 이렇게 한다면 인이라고 말할 수 있다."

이 대화에서 앎에 대한 공자의 대답은 두 가지로 나뉜다. 백성들의 올바름에 힘쓰라는 말은 곧은 것을 굽은 것 위에 놓으라는 앞의 내화와 일맥상통한다고 볼 수 있다. 다스리는 자가 올바를 때 다스림을 받는 백성들이 올바를 것이니 말이다. 그런데 갑자기 귀신이 튀어나온다. 왜 귀신을 공경하면서 멀리하는 것이 앎일까?

자로가 귀신 섬김에 대해 물어봤던 대화에서 동양의 귀신은 우리 눈에 보이는 현상의 이면에 있는, 보이지 않는 어떤 작용에 대한 것이라고 소개했다. 자연의 보이지 않는 작용은 오랫동안 인류에게 공포의 대상이었다. 공포의 대상과의 문화적 타협책이, 가장 소중한 것을 제물로 바치며 그 대가로 공동체의 보호를 요구하는 제사다. 제사는 귀신을 공경하면서도 멀리하는 중요한 문화적 장치 중 하나이다. 공경하면서도 멀리한다는 것은 내가 모르는 대상에 대해 그 존재를 부정하지 않으면서도敬 무지에 의한 공포 때문에 예속되지 않으려는遠 태도이다. 이 또한 계속 강조해 온 중용中庸의 태도이다.

귀신을 공경하지 않으면 어떤 문제가 있을까? 귀신을 공경하지 않는다는 의미는 우리가 현재 알지 못하는 모든 존재를 부정하는 것과 같다. 필자의 현 상황을 예로 들어 설명해보겠다.

필자가 지금 어떤 생존의 위협도 느끼지 않고 그동안 공부했던 결과물을 글로 표현할 수 있는 여유를 가질 수 있는 것은 어떻게 가능할까? 필자의 재능과 노력 때문만은 아니다. 가족의 도움, 먼저 공부했던 사람들의 결과물, 이 글을 읽어주는 독자들…. 이 외에도 여러 가지 '눈에 보이는' 원인을 생각해 볼 수 있다. 조금만 더 생각해본다면 무한한 원인들을 추론할 수 있다. 필자가 만약 내란이 벌어지고 있는 다른 나라에서 태어났다면, 또는 임진왜란이나 6.25 전쟁이 벌어지고 있는 다른 시대에 태어났다면 이런 풍족함을 누리면서 글을 쓰는 여유를 가질 수 있었을까? 내가 하필이면 다른 시공간이 아니라 지금 여기에서 살고 있는 이유는 무엇일까? 그 이유를 하나하나 따진다면 무한하게 많은 인과因果의 망이 그려질 것이다. 이는 인간이 모두 파악할 수 없는 영역이다. 이를 누구는 하늘의 뜻이라 말하고, 누구는 운명이라 말하고, 누구는 연기緣起라 말하고, 누구는 신의 뜻이라 말한다. 공자를 비롯한 고대 중국인들은 이를 귀신鬼神이라 표현했다. 만일 내가 온전히 파악할 수 없다고 해서 그런 작용을 부정하고 오직 눈에 보이는 원인과 결과만을 있는 것으로 간주한다면 반쪽의 세상만을 살아가는 것이다. 귀신을 공경한다는 것은 나의 삶에 어떤 작용을 하지만 내가 온전히 파악할 수 없는 보이지 않는 영역이 있음을 인정하는 것이다.

그럼 귀신을 멀리하지 않으면 무엇이 문제일까? 귀신을 멀리하지 않음으로 인해 예속된 삶을 사는 사례를 우리 주변에서 많이 볼 수 있다. 모든 인간은 귀신의 작용을 완전히 파악할 수 없다. 그런데 어떤 자들은 다른 사람들이 모른다는 점을 이용해서 자신은 그것을 안다고 주장한다. 눈에 보이지 않는 작용을 눈에 보이는 인과 작용으로 변조(?)하여 마치 자신이 아는 것처럼 조작해 그 앎으로 다른 사람을 예속시킨다. 거래 관계처럼 얼마만큼의 재물을 신에게 바치면 얼마만큼의 보상을 해 준다는 복음신앙부터 전생과 후생에 대한 믿음까지, 이런 예속은 예나 지금이나 우리 주변에 흔하다. 많은 결과에서 볼 수 있듯이 이런 무지無知에 의한 예속은 공동체를 파괴하는 중요한 원인 중 하나이다. 그러니 귀신, 곧 우리 삶에 보이지 않게 작용하는 힘의 존재를 인정하면서도 거기에 예속되지 않도록 멀리하는 것은 공동체의 지속과 발전에 아주 중요한 앎이다.

그런데 공자가 보기에 번지는 많은 것을 알려하지만 대체로 눈에 보이는 앎만을 앎으로 여기는 것 같았다. 그러니 보이지 않는 앎에 대해서도 알려줘서 균형을 잡아주려는 것이다. 인에 대한 대답도 그런 맥락에서 볼 수 있다. 인한 사람은 어려움難을 먼저하고 얻음獲은 나중에 한다. 인한 삶은 쉽지 않다. 인한 행동을 했다고 해서 그에 대한 대가를 얻을 수 있다고 항상 기대할 수도 없다. 그럼 우리는 왜 인한 행동을 하는가? 그것이 인해야 하기 때문이지 다른 이유는 없다. 인간은 다른 사람과 함께 살아갈 수밖에 없는 존재이다. 오랜 시간 동안 그렇게 살면서 인은 우리의 본성이 되었다. 그러니 대가로 무엇을 얻기 위해 인한 행동을 하는 것이 아니라 함께 살아가는 다른 사람의 고통을 견딜 수 없는 마음이 우리의 본성이기에 그런 행동을 하는 것이다. 대부분 그런 행동은 나의 생존을 먼저 택하는 행동보다 어려울 수밖에 없다. 내가 나의 본성대로 살려할 때 그 결과는 항상 내가 원하는 대로 나타나지 않는다. 결과는 나의 의지뿐 아니라 그와 관계된 수많은 다른 의지와 외적 작용이 함께 하기 때문이다. 인仁의 결과도 마찬가지이다. 그 행동의 결과로 어떤 것을 얻는다면 그것은 인仁의 직접적인 결과물이 아닌 다른 어떤 작용, 즉 귀신鬼神이라 할 수 있는 작용일 것이다.

번지는 눈에 보이지 않는 작용에 대해 별 관심이 없다. 올바른 행위義, 인한 행위를 한다면 거기에는 반드시 눈에 보이는 이유가 있어야 한다. 그리고 그 결과도 눈으로 확인할 수 있어야 한다. 그것을 공자는 획獲이라는 말로 표현했다. 획은 인의 결과로 있을 수도 있고 없을 수도 있다. 그런데 평소 번지의 태도는 인의 행위 그 자체보다는 그로 인한 결과인 획에 관심이 있었다. 다음 질문은 번지의 그런

면을 잘 드러낸다.

번지가 농사일을 배울 것을 청하자, 공자는 "농사일에 대해서는 나는 경험 많은 농부만 못하다."라고 하였다. 밭을 가꾸는 일을 배울 것을 청하자, "밭일에 대해서 나는 그 분야에 경험 많은 이만 못하다."라고 하였다. 번지가 나가자, 공자가 말하였다. "번수(번지)는 소인이구나. 윗사람이 예(禮)를 좋아하면 백성들이 감히 공경하지 않는 이가 없고, 윗사람이 의(義)를 좋아하면 백성들이 감히 복종하지 않는 이가 없고, 윗사람이 신뢰(信)가 있으면 백성들이 감히 실정(實情)대로 하지 않는 이가 없는 것이다. 이렇게 되면 사방의 백성들이 자식을 포대기에 업고 올 것인데, 어찌 농사일을 배워서 쓸 필요가 있겠는가."

호기심이 많아 여러 가지를 알고 싶은 번지는 이제 공자에게 농사일까지 물어본다. 공자는 농사짓는 일에까지 호기심을 보이는 번지가 탐탁지 않다. 그런 일은 나한테 물어보지 말고 농사 경험이 많은 농부들한테 물어보라고 너스레를 떤다. 공자의 퉁명스러운 태도에 번지는 아무 말도 하지 않고 나간다. 번지가 나간 후 공자는 혀를 차며 농사일이나 배우려는 번지를 소인이라 칭하며 윗사람上이 배워야 할 것은 구체적인 생산 활동이 아니라 예와 의와 신과 같은 백성들의 본本이 되는 것이라 말한다.

공자가 이리 말하는 것이 이해가 안 되는 바는 아니다. 사람은 혼자 사는 것이 아니라 사회를 이루고 살아가기에 모든 것을 혼자 하지 않고 각자 역할을 나누어 맡아 조화를 이루며 살아가야 한다. 그

중에 공자가 가장 중요하게 생각하는 역할의 나눔이 군자와 소인, 곧 다스리는 자治人와 다스림을 받는 자治於人의 구분이다. 모든 구성 원이 직접적인 생산 활동을 하는 것보다 소수의 사람이 다른 구성 원들을 효율적으로 배치함으로써 전체적인 생산력은 높아진다. 물론 그 소수의 사람에게 그런 능력이 있어야 한다는 전제 조건이 필요하다. 공자의 문하에서 배우는 것은 소인으로서의 삶, 곧 구체적인 생산 활동을 하며 자신의 이익을 추구하는 삶이 아니라 군자로서의 삶, 곧 어떻게 각자의 이해관계를 가지는 백성들을 다스리며 공동체 전체를 안정적으로 운영하는 것에 대한 앎이다. 그리고 그런 앎은 눈에 보이는 구체적인 지식보다는 보이지 않는 영역에 가깝다. 그런데 번지는 자꾸 눈에 보이는 것을 주로 알려고 하니 공자는 답답하다.

그런데 정말 번지가 정말 농사짓는 방법을 알고 싶어서 그런 질문을 했을까? 다음 대화에서 확인해 볼 수 있지만 번지는 그리 단순한 제자가 아니다. 공자의 다른 제자들 중에 워낙 뛰어난 자들이 많아 번지의 자질이 좀 뒤떨어지는 것처럼 느껴지지만 끊임없이 무언가를 알려고 하고 계속 노력하는 자이다. 농사가 천하의 근본農者天下之大本이라는 말이 있다. 천하의 근본이 된다는 농사는 눈에 보이는 구체적인 생산 활동만 말하는 것이 아닐 것이다. 그보다는 때에 맞춰 씨를 뿌리고 가꾸고 거두어들인 후 다음 때를 기다려야 한다는 점, 열심히 노력했을 때 노력한 만큼 그 결과를 볼 수 있다는 것, 하지만 그 결과가 꼭 노력한 만큼 나타나지는 않을 수도 있다는 점 등 눈에 보이지 않는 원리를 말하는 것일 테다. 아마 번지가 질문한 농사일은 이에 가깝지 않았을까?

번지의 물음이 공자가 짐작한 대로 단순한 농사 지식이었을 수도 있다. 하지만 어쩌면 공자가 오해했을 수도 있다. 필자는 후자로 해석하고 싶다. 공자가 신神이 아닌 이상 사람의 마음까지 속속들이 알 수는 없다. 번지가 공자의 퉁명스러운 태도에도 아무 말 하지 않고 나간 것은 공자가 자신의 질문을 오해했음을 받아들이고 그것을 이해했기 때문일 수 있다. 만일 재아가 이런 질문을 했고 공자가 퉁명스럽게 이야기했다면 바로 받아쳤을 것이다.

> 번지가 공자를 모시고 무우의 아래에 갔을 때 질문하였다. "어찌하면 덕을 높이고 사특함을 닦고 미혹을 분별할 수 있을지 감히 묻겠습니다." 공자가 말하였다. "정말 좋은 질문이구나. 일을 먼저 하고 얻는 것을 뒤로 미루는 것이 덕을 높이는 것이 아니겠느냐? 자신의 잘못된 점을 먼저 고치려 하고 남의 허물을 탓하지 않는 것이 사특함을 닦는 것이 아니겠느냐? 하루아침의 분노로 자신을 잊고 그 화가 주변에까지 미치게 함이 미혹됨이 아니겠느냐?"

이 대화가 이루어지는 장소인 무우舞雩는 기우제를 지내는 곳이다. 하늘에 제사를 지내는 곳이니 풍경이 좋은 곳을 선택해서 잘 가꾸어 놓았을 것이다. 이곳에 공자와 번지가 제사를 지내기 위해서 온 것 같지는 않다. 이미 공자는 다른 제자들과의 대화에서 무우에서 노래 부르며 노닐고 싶다는 바람을 표한 적이 있다. 아마 공자가 사색을 위해 무우쪽으로 산책을 할 때 '수행비서'인 번지가 동행하면서 이루어진 대화같다.

그런데 이 문답은 지금까지 살펴본 두 사람의 대화와는 사뭇 다른 분위기다. 번지의 질문에 공자는 좋은 질문이라 칭찬까지 덧붙이며 친절히 답해준다. 대답해 주는 스승의 분위기만이 아니라 번지의 질문도 이전의 질문과 결이 좀 다르다. 이전까지의 질문은 인仁이 무엇인지, 앎知이 무엇인지, 농사짓는 방법 등 어떤 대상에 대한 앎을 물은 반면에 이번 물음은 특정 대상이 아니라 실천하는 방법에 관한 것이다. 덕이 무엇인지, 사특함이 무엇인지, 미혹이 무엇인지 묻는 것이 아니라 어떻게 하면 덕을 높일 수 있고崇德, 사특함을 닦아낼 수 있으며修慝, 미혹을 분별別惑할 수 있는지 묻는다.

공자에게 어떤 대상에 대한 분석적인 앎은 큰 관심의 대상이 아니다. 인이 무엇인지가 중요한 것이 아니라 어떻게 하면 인한 삶을 살 것인지가 중요하고, 앎 자체가 중요한 것이 아니라 나와 내가 속한 공동체의 구성원들이 어떻게 조화롭게 살 수 있는지에 대한 앎이 중요하고, 농사짓는 법이 중요한 것이 아니라 농사짓는 사람들이 어떻게 풍요롭고 행복하게 살 수 있게 하는지가 중요하다. 이제 번지의 물음은 전자에서 후자로 바뀐 것 같다. 그런 번지의 변화에 공자는 기뻐한다. 그 기쁨이 좋은 질문이라는 감탄으로 드러난다.

번지의 질문에 대한 공자의 대답도 곱씹어 볼 만하다. 어찌하면 덕을 높일 수 있는지에 대한 물음에 일을 먼저하고 얻는 것을 뒤로 미루라 답한다. 이는 앞서 인이 무엇인가 물었을 때 어려움을 먼저하고 얻는 것을 뒤로 미루라는 대답과 맥이 같다. 그렇다면 공자에게는 덕을 높이는 것이 바로 인이요, 인을 통해 덕이 높아지는 것이다. 인이 사회관계를 이루며 살아가는 인간의 본성이라면, 덕은

그것이 사회 속에서 표현되는 것으로 둘의 관계는 동전의 양면과
같다.

사특함을 닦아냄은 남의 잘못을 탓하기 이전에 나의 잘못을 먼저
고치는 것이다. 사특함은 반대로 나의 잘못은 보지 못하고 남의 잘
못을 탓하는 것이라 할 수 있다. 성경에도 자신의 눈 안에 있는 들보
를 보지 못하고 남의 눈의 티를 빼려는 자의 비유가 나온다.

공자는 이를 다른 곳에서 '하늘은 원망하지 않고 남을 탓하지 않
는다不怨天 不尤人'는 말로 표현한다.[79] 우리는 보통 원천怨天, 우인尤人
하는 성향이 있다. 성공은 나의 능력과 나의 노력의 결과이고, 실패
는 주변 환경이나 다른 사람의 잘못 때문이라 생각하는 성향 말이다.
꼭 현인들의 말을 인용하지 않더라도 우리는 경험을 통해서 성공보
다는 실패의 사례에서 많은 것을 배울 수 있다는 것을 안다. 배움을
좋아하는 공자에게 실패는 더 많은 것을 배울 수 있는 훌륭한 학습의
계기다. 그런데 만일 실패의 원인을 주변 환경天이나 다른 사람人에
게 돌린다면 내가 변할 수 있는 여지는 없다. 내가 환경과 타인을 변
하게 할 수는 없는 법이다. 변할 수 있는 것은 오직 나밖에 없다. 실
패의 원인이 무엇이든 간에 내가 배움을 통해 변하기 위해서는 내
바깥이 아니라 내 안의 문제에서 출발해야 한다. 나보다는 내 바깥
에서 그 원인을 찾으려는 속성이 사특함慝이다. 공자에게 사특함을
닦는 것修慝은 배움學習과 연결된다

마지막 질문인 미혹을 분별別惑하기 위해서는 먼저 미혹이 무엇인
지 알아야 한다. 미혹 그 자체가 무엇인지는 알 수 없다. 어떤 것도
그 자체로 미혹하지 않는다. 같은 말, 같은 행동, 같은 정보도 어떤

상황, 어떤 맥락에서 어떻게 드러나느냐에 따라 우리를 올바로 인도할 수 있고 반대로 미혹할 수도 있게 된다. 그럼 미혹의 효과와 작용을 통해 미혹됨을 분별할 수 있다. 미혹의 효과는 자신을 잊을 정도로 나를 분노케 한다. 그리고 그 결과는 나뿐만이 아니라 내 주변親에 영향을 준다. 가깝게는 나의 가족과 친지, 멀게는 공동체 전체에 그 영향이 미친다. 특히 다스리는 지위에 있는 자가 미혹될 때 그 효과는 훨씬 크다. 어떤 것이 미혹인지 아닌지는 사전事前에 온전히 알 수 없다. 나의 선택과 행동이 내 주변에 어떤 영향을 미칠지에 대해 항상 신중하게 고려하는 것이 미혹됨을 줄일 수 있는 유일한 방법인지도 모른다. 물론 끊임없는 배움도 덧붙여야 할 것이다.

번지는 안연만큼의 탁월함을 보여주지는 않지만 그도 배움을 좋아하는 자라 할 수 있을 것이다. 비록 다른 제자보다 조금 뒤처지지만 번지는 끊임없이 묻고 고민했으며, 그 노력을 공자도 인정하게 된다. 비록 공자는 안연 이외에는 호학好學하는 자가 없다고 이야기했지만 필자가 보기에는 번지도 호학好學하는 자라 불리기에 손색이 없다.

또 다른 제자들

지금까지 살펴본 제자들 말고도 『논어』에는 수많은 제자들과의 대화가 편집되어 있다. 그 모든 문답을 소개할 수는 없다. 그 중에서 공자가 천하주유天下周遊를 하던 시절을 회상하며 떠올린 제자들을 살펴보자.

공자가 말하였다. "진나라와 채나라에서 나를 따르며 고난을 함께 한 제자들이 지금은 모두 문하에 있지 않구나. 이들은 모두 각 분야에서 뛰어남을 보였으니, 덕행에는 안연, 민자건, 염백우, 중궁이 있고, 언어에는 재아와 자공이 있고, 정치와 군사에는 염유와 자로가 있고, 문학에는 자유와 자하가 있다."

공자는 천하를 주유하는 동안 여러 번에 걸쳐 목숨을 위협받으며 많은 어려움을 겪었다. 안연편에서 소개했던 광匡땅의 주민들이 그를 양화陽貨로 오해해서 감금했던 사건도 그 중 하나이다. 지금 공자가 회상하는 때도 그런 사건들 중 하나를 겪을 때의 일이다. 여기서 말하는 진채陳蔡에 있었다는 표현은 후대에 '진채지간陳蔡之間'으로 불리는 사건이다. 공자 일행이 초나라로 유세를 하러 가는 길에 진나라와 채나라의 국경 사이를 지나던 중 괴한들에게 습격을 받아 7일 동안 깊은 산중에 포위되었다. 나중에 초나라 군사들의 도움으로 위기를 벗어난 후에 알아보니 그 괴한들은 진나라와 채나라의 군사들이었다는 것이 밝혀졌다. 강대국인 초나라와 이웃하고 있는 작은 나라들인 진나라와 채나라는 혹시 공자 일행이 초나라에 발탁이 되어 이웃나라인 자기들을 병합하지나 않을까 두려워 공자의 길을 막았던 것이다.

이 사건이 공자 일행이 겪었던 가장 큰 위험이었다. 7일 동안 식량도 부족한 상태에서 목숨의 위협을 받는 상황이었으니 일행의 공포는 극에 달했을 것이다. 공자는 이런 어려움을 함께한 제자들을 떠올린 것이다. 그냥 나열만 하는 것이 아니라 각 제자의 개성과 능

력도 함께 떠올린다. 공자의 이 회상을 바탕으로 후대인들은 이들을
'사과십철四果十哲'이라 부른다. 덕행, 언어, 정사, 문학 네 가지 분야
에 뛰어난 열 명의 제자들이라는 의미다.

이 중에는 안연처럼 먼저 세상을 뜬 자도 있고 염유나 자로처럼
다른 집안의 가신家臣으로 간 자들도 있어 많은 이들이 당시에는 문
하에 있지 않다. 이들 제자 중에서 자로, 자공, 안연, 염유, 재아는 이
미 만나보았다. 소개하지 않은 제자 중에서 민자건, 염백우, 중궁은
안연과 마찬가지로 덕행에서 뛰어난 점을 보였는데 안연처럼 그들
의 행보도 그리 드라마틱하지 않다. 문학에는 라이벌 관계이기도 한
자유와 자하가 있다. 이들은 공자가 죽고 나서 자신들만의 문하門下
를 만들었다. 『논어』의 자장子張편에는 이들이 남긴 말들이 꽤 많이
기록되어 있고 스승의 가르침에 대해 서로 다른 해석으로 논쟁을
벌이기도 한다.

공자는 '사과四果' 중에서 덕행에 뛰어난 제자들을 편애하는 것 같
다. 『논어』에는 안연을 비롯해 민자건이나 중궁, 염백우에 대해서
공자가 부정적인 이야기를 한 기록이 없다.

> 계씨가 민자건을 비읍의 읍재로 삼으려 사람을 보내자 민자건이
> 그에게 말했다. "내가 그 자리를 맡을 뜻이 없다는 것을 잘 말해다
> 오. 만일 또 다시 나를 부르러 온다면 나는 반드시 이 나라를 떠나
> 문수(汶水)가에 갈 것이다."

염유 편에서 공자가 추천하여 자로와 염유가 계씨의 가신이 되었

다는 것을 이야기했다. 계씨는 재물과 땅에 대한 욕심뿐 아니라 사람에 대한 욕심도 만만치 않다. 공자의 제자 중에서 뛰어난 인재 두 명을 영입했으면서도 그에 만족하지 않고 민자건도 영입하려 손을 뻗친다. 얼마나 많은 스카우트 비용을 제안했을까? 이미 자로와 염유를 통해 공자 제자들의 능력을 검증했으니 요즘 말로 하면 파격적인 조건을 제시했을 것이다. 그런데 민자건은 그 제안을 정중하지만 단호하게 거절한다. 그는 심부름 온 사람에게 다시 한번 찾아온다면 더 이상 찾아오지 못하게 나라를 떠나겠다고 말한다. 문수汶水는 노나라의 북쪽에 위치하며 노나라와 제나라 사이를 가로질러 두 나라의 국경선 역할을 하는 강이다. 민자건은 실제로 문수汶水로 간다는 것이 아니라 자신을 찾지 못하는 곳으로 간다는 비유적인 의미로 말한 것이다.

여기서 한 가지 의문이 든다. 계씨의 영입에 응한 자로, 염유와 영입을 거절한 민자건 중에서 누구의 행동이 옳은 것인가? 누가 스승의 가르침을 따른 것인가? 『논어』에 민자건의 거절이 긍정적으로 기록되어 있고 공자가 민자건을 평한 말을 보면 민자건의 행동이 맞는 것 같다. 그런데 자로와 염유는 공자의 추천으로 계씨 집안에 들어간 것이 아닌가? 그럼 공자가 올바르지 못한 선택을 자로와 염유에게 권했다는 말인가?

공자에게는 이런 경우에는 이렇게 행동해야 한다고 사전에 정해진 원칙이 없다. 가신으로 영입하려는 제안을 받은 경우를 본다면 응해야 할 경우에는 응하고 거절해야 할 경우에는 거절해야 한다. 때와 상황에 따라 응함과 거절이 달라져야 하는 것은 말할 것도 없고 똑같은 조건과 똑같은 시기라도 사람에 따라 응하고 거절함이 달라야 할 경우도 있다. 만일 응했을 때는 올바름義으로 군주를 이끌고 그리 못하는 경우는 그만두어야 한다. 공자가 민자건의 행위를 칭찬함은 그가 거절했기 때문이 아니라 거절해야 할 상황에서 거절했기 때문이다. 공자가 자로나 염유를 비판한 것은 응했기 때문이 아니라, 응한 후에 올바름으로 인도하지 못할 경우 떠나야 함에도 떠나지 않았기 때문이다.

> 공자가 말하였다. "민자건은 정말 효자이구나. 부모형제가 칭찬
> 하는 말에 아무도 트집을 잡지 못하는 것을 보니."

공자의 눈에는 민자건의 흠이 보이지 않는다. 나아가야 할 때와 물러날 때를 알면서도 효자로도 소문나 있다. 그런데 공자가 민자건이 대단한 효자라는 것을 인정하는 이유가 재미있다. 부모형제를 비롯한 집안사람들이 그를 칭찬하는데도 아무도 그 칭찬에 트집을 잡지 않는다는 이유이다. 팔이 안으로 굽는다고, 집안사람들이야 욕먹을 정도로 나쁜 짓만 하지 않는다면 자기 가족을 칭찬하기 마련이다. 그런데 그 칭찬이 실제와 들어맞지 않으면 주변 사람들이 험담을 할 텐데 민자건 관해서는 그런 이야기가 들리지 않는다.

사람들은 자신보다 뛰어난 인물에게 호감과 존경의 시선도 보내지만 그 안에는 그 이상의 시기와 질투가 포함되어 있다. 호감과 존경의 마음을 가졌던 인물이 어느 정도의 허물을 보인다면 그 마음은 그만큼의 질투와 미움으로 바뀐다. 민자건에게는 주변인들이 트집을

잡을만한 허물이 없기에 집안의 칭찬과 집밖의 평가가 일치한다.

공자의 눈에는 이런 민자건이 흡족하겠지만 드라마를 기대한 필자의 눈에는 재미가 덜하다.

> 공자가 말하였다. "옹(중궁)은 임금의 자리에 오를 만하다."

덕행에 뛰어난 또 한 명의 제자인 중궁은 임금의 자리에 오를 만하다는 평가를 받는다. 조선 시대 같았으면 역모로 몰릴만한 위험한 말이지만 그 시대는 그렇게 경직되어 있지는 않았나 보다. 여기서 임금의 자리라고 번역한 '남면南面'의 문자 그대로의 뜻은 남쪽을 바라보고 있다는 말이다. 유교 국가에서는 임금이 항상 남쪽을 바라보고 앉아 정사政事를 본다. 이에 대비되는 말이 북면北面인데 이는 신하를 표현하는 말이다. 조선의 궁궐인 경복궁의 근정전勤政殿을 보면 임금의 자리인 용상龍床이 남쪽을 향해 있고 신하들은 임금이 있는 북쪽을 향해 부복俯伏하도록 되어 있다. 청나라의 궁인 자금성紫禁城도 마찬가지이다.

그런데 공자가 임금의 자리를 남면南面이라 비유한 것은 방향만을 이야기한 것은 아니다. 동양에서는 백성들을 강압적으로 통치하지 않고 순리대로 다스리는 것을 무위의 다스림無爲之治이라 한다. 마치 다스리는 자는 아무 것도 하지 않는 것처럼 보이지만 모든 것이 순리대로 조화롭게 흐르는 것을 말하는 것이다. 『논어』에서는 그 대표적인 인물로 순임금을 거론한다. 순임금은 곧은 인물인 고요를 발탁해서 굽은 것 위에 놓고는 단정히 남쪽을 향해 앉아 있을 뿐이다.

그런데도 천하는 다스려진다.[80]

중궁의 인물됨에 대한 칭찬은 여기에 그치지 않는다.

　　공자가 중궁에 대해 말하였다. "얼룩소의 자식이라도 색이 붉고
　　뿔이 제대로 났으면 비록 사람이 사용하지 않더라도 산천의 신이
　　어찌 그것을 버리겠는가."

　얼룩소라 번역한 리우犁牛의 리犁는 여러 무늬가 섞여 지저분하다
는 의미다. 리우는 소의 종류를 지칭하는 것이 아니라 자질이 떨어
진다는 의미이다. 성騂은 붉다는 의미이고 각角은 뿔 모양이 아주 보
기 좋다는 뜻이다. 주나라에서는 붉은 생을 성스럽게 여겨서 성騂 색
을 가진 소를 주로 제사의 희생犧牲으로 사용했다. 게다가 색깔만이
아니라 소의 잘생김을 나타내는 뿔 모양도 좋으니 가장 중요한 제
사에 쓰일만한 좋은 소이다.

　중궁이 뛰어난 자질을 가진 것에 비해 중궁의 아버지는 신분도
미천하고 행실도 좋지 못했다. 그래서 공자는 그를 얼룩소犁牛라 비
유했지만 그의 자식인 중궁은 가장 크게 쓰일 만한 재질을 가진 붉
고 뿔이 잘 생긴 소에 비유했다. 그런데 그런 중궁의 자질을 알아보
는 자가 거의 없다. 아마 그의 미천한 신분 때문인 것 같다. 임금의
자질이 있으면서도 임금은커녕 변변한 자리하나 맡지 못한다.

　공자가 중궁의 자질을 제사에 사용하는 희생犧牲에 비유한 이유
가 있다. 왜 희생에 붉고 뿔이 잘 생긴 소를 사용할까? 제사를 드리
는 사람이 좋아서일까? 그렇지 않다. 제사를 받는 산천의 귀신이 좋

아하기 때문에 그런 소를 사용한다. 그러니 희생의 좋고 나쁨을 결정하는 것은 제사에서 직접 소를 사용하는 자가 아니라 제사를 받는 산천이다. 도가 있을 때라면 제사를 지내는 자와 제사를 받는 산천의 견해가 일치할 텐데 도가 사라지게 되면 제사를 드리는 자가 희생의 자질을 제대로 알아보지 못한다. 하지만 제사를 받는 산천은 그 자질을 안다.

공자는 뛰어난 자질을 가지고 있으면서 쓰임을 받지 못하는 중궁을, 무도無道한 시대이기에 그 쓰임새를 알지 못하는 제주祭主에 의해 쓰임을 받지 못하는 희생犧牲에 비유하여 그 뛰어남을 평했다.

> 백우가 병을 앓자 공자가 문병을 갔는데, 직접 문병을 하지 못해서 남쪽 창문으로부터 그의 손을 잡고 말하였다. "이런 병에 걸릴 리가 없는데, 천명인가 보다. 이런 사람이 이런 병에 걸리다니, 이런 사람이 이런 병에 걸리다니."

염백우에 대한 『논어』의 기록은 '사과십철四果十哲'을 제외하고는 이 편이 유일하다. 공자가 덕행이 뛰어나다고 언급한 네 명 중 한 명인데도 인물됨에 대한 묘사나 드라마로 읽을 만한 사건의 기록이 없다. 이 대목을 통해 공자가 얼마나 염백우를 사랑했는지 알 수 있을 뿐이다.

염백우가 병을 앓고 있을 때 공자가 문병을 가서 안타까움을 표현한다. 여기서는 '병疾'이라고만 기록되어 있는데 문헌에 의하면 이때 염백우가 나병癩病에 걸린 것이라고 전해진다. 최근까지도 나병에 걸린 환자를 천시하고 멀리하는 경향이 있었으니 수천 년 전에 이런 병에 걸렸다면 환자나 주변인들의 충격과 고통이 적지 않았을 것이다. 염백우는 전염을 우려해서 한쪽 방에 격리되어 있고 공자는 그를 직접 문병하지 못하고 창문 너머로 그의 손을 잡고 안타까움을 토로한다. '염백우 같은 자가 이런 병에 걸릴 리가 없다. 이게 운명인가. 어찌 저 사람이 이런 병에 걸릴 수가 있는가.'

비합리적인 존재인 인간은 세상을 합리적으로 해석하려고 노력한다. 세상의 어떤 부분은 합리적 해석에 맞아떨어지기도 하지만 많은 부분은 합리적으로 이해할 수가 없다. 합리적으로 이해할 수 없는 영역을 우리는 운명, 하늘의 뜻, 신의 뜻 등 여러 말로 불러왔다. 지금 염백우의 경우가 그렇다. 염백우처럼 인仁하게 살아온 자가 왜 불행히도 이런 끔찍한 병에 걸린 것일까? 운명일까? 신의 뜻일까? 아니면 전생이 있어 그때 저지른 잘못에 대한 벌을 이번 생에서 받는 것일까?

이런 해석은 합리적이지 않은 세계를 인간만이 가진 합리성의 틀로 해석하려는 노력이다. 인간이기에 합리성의 틀을 버릴 수 없지만 그 틀에 맞지 않는 세상도 인정해야 한다. 설사 운명이든 신의 뜻이든 전생이 실제로 있어서 그것이 현실 세계에 작용한다 하더라도 우리가 그것을 알 수 있는 방법은 없다. 그렇다면 여전히 그것은 비합리성의 영역이다. 인간이기에 이해할 수 없는 결과를 원망하고 고통과 안타까움을 느끼겠지만 그 고통을 또한 겸허히 받아들여야 한다.

아무리 공자라도 왜 염백우가 이런 고통을 받아야 하는지 이해할수가 없다. 사랑하는 제자의 불행과 고통에 공자도 슬픔을 참을 수 없다. 그럼에도 그는 하늘을 원망하거나 다른 사람을 탓하지 않는다. 그것이 우리의 이해를 넘어서는 어떤 작용命일 수 있음을 받아들인다. 그렇더라도 슬픔과 고통이 사라지지는 않는다. 그것은 온전히 내가 겪어내야 하는 것이다.

공자가 덕행에 뛰어나다고 평한 제자들은 세상의 기준으로 봤을 때 그다지 성공적인 삶을 산 것 같지는 않다. 안연은 단명하고, 염백우는 나병에 걸리고, 민자건과 염옹도 뛰어난 자질이 있음에도 세상의 부름을 얻지 못했다. 만일 삶의 궁극적 목표가 세상의 인정과 성공이라면 이들의 삶은 그리 올바르다고 할 수 없다. 하지만 그것 말고 다른 것이 있다면, 그것이 인仁, 덕행德行, 호학好學 등으로 표현될 수 있다면 이들의 삶은 한번 흉내 내볼 만한 것 같다.

자유가 말하였다. "자하의 제자들이 물 뿌리고 청소하며 손님을 맞이하고 들어가고 나아가는 예절은 잘하지만 이는 지엽적인 일이다. 근본이 없으니 어찌하겠는가?" 자하가 그 말을 듣고서 말하였다. "아, 유(자유)의 말이 좀 지나치구나. 군자의 도가 어느 것을 우선이라 하며 먼저 전하고, 어느 것을 나중이라 하여 게을리 하겠는가. 풀과 나무에 비유하면 그것은 종류가 다른 것일 뿐이니, 군자의 도를 이런 식으로 속일 수 있겠는가. 처음과 끝을 한꺼번에 가지는 자는 오직 성인이실 것이다."

원조가 떠나면 후계자들이 서로 자신이 원조의 길을 따라간다고 주장하는 법이다. 모두 예수의 길을 따른다고 하면서도 수백 년 동안 전쟁을 벌인 가톨릭과 개신교가 그 대표적인 예이다. 부처의 가르침을 따르는 불교도 대승과 소승뿐 아니라 여러 종파로 나뉘어 있다. 그러니 여기서 자유와 자하가 벌이는 논쟁은 애교로 넘어가 줄 만하다.

여기서 자유와 자하가 대립하는 문제는 근본本과 말단末의 문제이다. 자유가 자하의 제자들이 공부하는 것을 보니 '쇄소응대진퇴灑掃應對進退'만을 연습하고 있었다. 이는 쓸고 닦고 손님을 맞이하고 문안問安과 들고남出入을 알리는 등의 일상예절을 말한다. 그런데 자유가 보기에 이런 일상예절의 공부는 말단에 해당한다. 자유에게 중요한 것은 근본에 해당하는 공부이다. 근본이라 하면 공자가 평소 가르침을 줬던 인, 의, 예, 충, 신 등 여러 가지 덕행이다. 그는 자하의 제자들이 근본적인 공부는 소홀히 하고 말단에 해당하는 일상예절만을 공부하는 것을 지적한 것이다.

이 말을 전해들은 자하는 자유가 일면만을 보고 있다고 비판한다. 자유가 근본이라 여기는 덕행의 공부와, 말단이라 여기는 일상예절의 공부는 종류의 차이일 뿐 무엇이 먼저이고 무엇이 나중이라 할 수 없다는 것이다. 하지만 덕행을 배우기 위해서는 구체적인 일상예절 훈련을 해야 한다는 것이 자하의 주장이다. 시작始인 일상예절과 끝卒인 덕행을 함께 소유한 자는 오직 성인뿐이니 보통의 자질을 가진 자들은 일상예절인 쇄소응대진퇴를 반복해서 훈련해야 한다는 것이다.

두 제자의 주장 중에 어느 의견이 공자의 가르침에 합당할까? 이 것도 맞는 것 같고 저것도 맞는 것 같다. 이를 밝히려면 공자가 배움에 대해 이야기한 모든 가르침을 펼쳐놓고 살펴봐야 한다. 이 지면에서 그럴 수도 없거니와 설사 그런 시도를 한다 하더라도 어떤 구절은 자유의 의견을, 또 다른 구절을 자하의 의견을 뒷받침한다는 것을 확인할 수 있다. 필자가 마지막으로 이 두 사람의 논쟁을 소개하는 이유는 공자 사후에 제자들끼리 논쟁과 다툼이 있었다는 것을 고발(?)하기 위해서가 아니라 이렇게 때로는 대립적이기도 한 다양한 해석은 필연적이라는 것을 말하기 위해서이다.

다양한 해석이 필연적인 첫 번째 이유는 한 사람의 일생이 항상 일관적일 수 없기 때문이다. 아직 성숙하지는 않았지만 스펀지처럼 많은 경험을 통해 정보를 빨아들이는 청년기가 다를 것이며 과일이 익은 것처럼 성숙한 중년과 장년 그리고 노년의 사상과 삶이 다를 것이다. 물론 그 전체를 관통하는 보편성이 없다 할 수 없지만 그것이 구체적으로 드러나는 언행은 다를 수밖에 없다. 그러니 그 사람과 어떤 구체적인 시기의 사건에서 함께 한 사람은 다른 사건을 접한 사람과 다른 해석을 할 수밖에 없다.

두 번째는 같은 사건을 접하더라도 그 사건의 해석은 해석하는 사람에 따라 다르기 마련이다. 구로사와 아키라 감독의 고전영화 〈라쇼몽〉은 똑같은 장소에서 똑같은 사건을 경험한 네 사람이 '객관적인 사실'을 각자의 입장에서 다르게 해석하는 것을 보여준다. 우리가 살고 있는 이 세상이 거대한 '라쇼몽羅生門'이다. 많은 사람들이 각자의 관점에서 바라보고 해석한 내용을 '객관적인 사실'이라 주장한다.

자유와 자하의 해석 중에서 '어떤 해석이 옳은가'를 밝히는 것이 중요하지는 않다. 옳은 해석을 찾는 것보다는 어떻게 그런 해석을 하게 되었는가를 밝히는 것이 중요하다. 그 해석의 근거가 납득할 만하면 받아들이고, 우리 시대에서 보편적으로 합의한 해석의 틀에 어긋난다면 받아들이는 것을 보류할 수 있다. 이때의 기준은 절대적인 옳고 그름이 아니다. 만일 '해석'이라는 것이 번지의 처음 태도처럼 '올바른' 앎을 얻기 위한 것이라면 절대적인 옳음을 지향해야 한다. 그런데 해석은 앎이 아니라 실천이다. 나를 바꾸고 세상을 바꾸는 실천이다. 그렇다면 타자의 해석의 옳고 그름을 판단하는 것은 더 이상 의미가 없다. 타자의 해석을 받아들여 실천할 것인가, 더 나아가 나는 어떤 해석을 할 것인가, 그 해석을 통해 나는 어떻게 변화할 것이고 세상은 어떻게 변화할 것인가가 중요하다.

인간 공자

공자는 오랫동안 후대 유학자들이 그려왔던 성인聖人이 아니다. 만일 성聖이라는 말이 가지는 본래의 의미, 곧 '세상의 목소리를 잘 듣는 자耳'라는 뜻이라면 성인이라 할 수 있겠지만 속인俗人과 대립되는 종교적인 의미를 담고 있는 초월적이고 완전한 인격체로서의 성인은 공자와 맞지 않다. 그는 보통의 사람들俗人처럼 좋은 일에 기뻐하고 나쁜 일에 슬퍼하고 때로는 화도 내며 맛있는 음식과 멋진 옷을 즐기기도 하는 사람이다. 『논어』에는 그의 생생한 인간적인 모습이 도처에 기록되어 있다. 수천 년 동안 그의 인간으로서의 모습은 감추어져 왔다. 사람은 자신이 보고 싶은 면만을 본다. 완전한 인간이라 전해 내려온 공자상을 가지고 있던 후대 유학자들에게 보통 인간으로서의 공자의 모습은 보이지 않았다.

하지만 공자가 세계 4대 성인 중 한 명으로 불리는 이유는 분명히 있을 것이다. 공자가 보통 사람이면서도 역사 속 수많은 보통 사람들과 구별되는 점은 무엇일까? 침팬지와 사람의 유전자를 분석하면 그 차이는 극히 미미하다고 한다. 그 미미한 차이가 침팬지에게는 없는 인간의 문명을 만들었다. 어쩌면 공자와 보통 사람의 차이는 그런 미미한 것일지 모른다. 침팬지가 살아가는 야생과 인간의 문명의 차이는 확연히 드러났다. 하지만 그것을 이룬 유전자의 미미한 차이는 눈에 잘 보이지 않는다. 마찬가지로 보통 사람과 공자의 차이는 금방 드러나지만 그것을 가져온 '종이 한 장'의 차이는 꼼꼼히 살펴보지 않으면 찾기가 쉽지 않다.

그동안 개성 넘치는 공자 제자들의 드라마를 보았다. 이제 그 중심에 있는 공자의 인간적인 모습과 그 이면에 있는, 그를 위대한 인간으로 만든 미세한 차이를 살펴보려 한다.

공자를 평가하는 자들

제자들 말고도 『논어』에는 공자와 문답을 나눈 사람들이 많이 등장한다. 그런데 공자에게 직접 이야기하지 않고 그의 제자나 다른 사람을 통해 공자에 대해 알고 싶어하는 자들도 많이 등장한다. 다양한 사람들의 그런 물음과 평을 듣고 난 후의 공자의 반응들이 재미있다.

> 섭공이 자로에게 공자는 어떤 사람인지 물었는데, 자로가 응대하지 않았다. 그것을 자로에게 전해 듣고 공자가 말하였다. "너는 왜 이렇게 말하지 않았느냐. 그는 배움을 좋아해서 어떤 것을 아직 알지 못하면 먹는 것도 잊고 알기 위해 애쓰며, 알게 되면 즐거워 근심을 잊어서 나이가 드는 것도 모른다고 하지 그랬느냐."

섭공은 초楚나라 섭현葉縣을 다스리는 자이다. 이때는 아직 봉건제도가 완전히 와해되지 않은 춘추시대였기 때문에 주나라의 임금만을 왕王이라 불렀고 나머지 나라의 제후들은 공公이라 불렀다. 그런데 초나라는 주나라 왕실의 영향력을 크게 받지 않는 나라여서 임금을 왕이라 불렀다. 그래서 그 나라의 한 현을 다스리는 자가 공公이라는 칭호로 불릴 수 있던 것이다.

섭공은 이 대화 말고도 두 차례에 걸쳐 공자와 대화를 나누는데, 그때 대화의 뉘앙스는 공자를 약간 깔보고 시험하는 느낌이다. 공자도 그렇고 자로도 그렇고 이런 섭공이 그리 탐탁지 않은 것 같다. 자로는 감히 자신이 가장 사랑하고 존경하는 스승에 대해 품평을 하라는 섭공의 물음에 아예 응대하지 않는다.

섭공과 헤어진 후에 자로는 섭공의 물음과 자신의 무응답을 공자에게 알린다. 어쩌면 스승도 별로 좋아하지 않는 자의 물음을 무시한 자신을 공자가 인정해주기를 바랐을지도 모르겠다. 그런데 공자의 반응이 재미있다. 공자는 항상 자로의 기대와는 다른 반응을 한다. 대수롭지 않게 넘겨도 될 것 같은데, 왜 자신에 대해 제대로 말하지 않았느냐고 역정을 낸다. 아마 섭공에 대한 불만을 만만한 자로에게 표현한 것인지도 모르겠다.

공자가 왜 이렇게 말하지 않았느냐는 자신에 대한 묘사는 한 마디로 배움을 좋아하는 자好學人이다. 학습의 과정에는 기쁨과 고통이 겹친다. 언제일지 모르는 도약을 하기까지 끊임없는 고통의 반복, 그 과정에서 감지되는 미세한 변화와 도약에의 기대감, 마침내 변화했을 때의 기쁨. 이런 과정에서 먹는 것도 잊고 다른 근심 걱정도 잊으며 세월이 가서 나이 든다는 것도 알지 못한다. 보통 즐겁고 재미있는 경험을 할 때 하는 '시간 가는 줄 모른다'는 표현이 딱 들어맞는다.

아마 자공이었으면 섭공의 물음에 어떤 대답을 했을까? 공자가 바라는 대로 배움을 좋아하는 자라고 했을까? 어떻게 대답했을지는 알 수 없지만 자로처럼 무시하는 전략을 쓰지는 않았을 것이다.

태재가 자공에게 물었다. "공자는 성자이신가? 어쩌면 그리도
능력이 많으신가?" 자공이 말하였다. "저의 스승님은 진실로 하늘
이 내려주신 성자이시고 또한 능력도 많으십니다." 공자가 이 말을
자공에게 전해 듣고 말하였다. "태재가 나를 아는구나. 내 젊었을
적에 미천했기 때문에 비천한 일에 여러 능력이 있다. 군자는 능력
이 많은가? 그렇지 않다."

태재는 관직의 이름인데 구체적으로 어느 나라의 어떤 인물인지
는 기록되어 있지 않다. 태재의 물음이 공자에 대한 칭찬인지 비꼼
인지 아리송하다. 공자가 성자인가 보다고 묻는 것을 보면 칭찬인
것 같은데 그 이유가 다재다능하기 때문이란다. 태재가 공자가 이야
기한 '군자불기君子不器'라는 말을 들었는지 모르겠지만 공자의 이 말
이 아니라도 신분제 사회에서는 여러 능력이 필요한 생산 활동은 주
로 낮은 신분의 사람들이 맡아서 했다. 그런데 아랫사람이 하는 일
을 잘하는 것이 성자의 이유라 하니 마냥 칭찬이라 듣기도 어렵다.

자공이 그런 낌새를 알았는지 모르겠지만, 알았다 해도 딱히 반격
할 만한 논리를 발견하지 못했는지 맞장구를 쳐주는 식으로 대답하
고 만다. 공자가 성자인 것은 하늘이 내렸기 때문이고 또 능력이 많
은 것도 사실이라고.

자공이 전해주는 대화를 들은 공자의 반응은 섭공의 물음을 전
해 들었을 때와는 다르다. 자로의 이야기를 전해 들었을 때는 역정
을 내는 분위기였는데 자공의 이야기를 듣고는 허허 웃는 분위기다.
'태재가 나를 잘 봤네. 내가 이런 저런 일에 능력이 많지. 그런데 그
건 내가 성자라서가 아니라 내 출신이 천해서 그래. 그래서 어렸을

때부터 천한 일에 재주가 많았지. 그리고 군자이고 아니고는 재주 많은 것과는 아무 상관이 없지.'

공자의 어머니는 안顔씨 성을 가졌는데 무속인 출신의 천한 신분이라고 전해진다. 그래서 공자는 어려서부터 제사 그릇俎豆을 잘 가지고 놀았다는 기록이 있다. 사기에 의하면 공자의 아버지 숙량흘叔梁紇과 어머니가 '야합野合'을 해서 공자가 출생했다는 표현이 나온다. 숙량흘은 무관 출신으로 본처와의 사이에서 딸 아홉에 아들 하나를 낳았는데 그 아들이 다리를 쓰지 못했다고 한다. 대를 이을 건장한 자식이 아쉬웠던 숙량흘은 전쟁터에서 돌아오는 길에 우연히 공자의 어머니 집에서 하루를 묵게 되었고 이때 둘이 혼인을 이루게 된다. 이후 숙량흘은 본가로 돌아가고 공자는 아버지의 얼굴도 모른 채 어머니의 손에서 자란다.

공자가 이야기한, 천하게 보냈고 비천한 일에 재주가 많았다는 어린 시절은 이 시기를 말한다. 공자는 자신이 비천한 어린 시절을 보낸 것에 대해 부끄러워하지도 않고 숨기지도 않는다. 지금의 나를 만든 것은 나의 과거이다. 이미 현재의 나에게는 과거의 흔적이 남아 있다. 어떤 과거이든지 그것을 부정한다는 것은 지금의 나를 부정하는 것과 마찬가지이다.

공자는 태재가 자신을 비꼬고 있음을 간파했다. 자신을 성자로 추켜세웠지만, 사실은 다재다능할 뿐인 비천한 자라는 의도가 있음을 보았다. 그렇다고 화를 내거나 그의 말을 대놓고 부정하지 않는다. 태재가 자신을 아주 잘 안다고 웃으며 말한다. 자신이 재주가 많다는 것도 알고 또 자신을 성자라 높이 평가해주니 말이다. 공자는 여기서 태재의 한 가지 잘못을 바로잡아 준다. 태재는 성자라면 신분이 높아야 하고 신분이 높은 자는 천한 신분이 하는 일을 할 재주가 있을 수가 없다고 여긴다. 그러니 비천한 일에 재주가 많은 공자는 성자일 수가 없다. 그런데 성자인지 아닌지 여부는 재주의 많고 적음과는 아무 상관이 없다. 만일 공자가 성자라면 신분이 비천하고 재주가 많아서도 아니고, 반대로 신분이 높아서도 아니다.

재아 편에서 재아가 인자仁者에 대해 질문했을 때 공자가 군자君子로 바꾸어 대답한 장면이 있었다.[81] 이 대화에서도 공자는 태재의 성자聖者라는 표현을 군자君子로 바꾸어 이야기한다. 공자 이전의 군자가 태재가 생각한 것처럼 태어나면서 가지게 되는 신분이라면, 공자가 이야기하는 군자는 신분과 상관없이 그에 합당한 능력을 가져야만 한다. 아직 그런 능력이 없다면 배움을 통해 능력을 키워야 한다. 그러니 공자는 여전히 과거의 관점을 가지고 있는 태재의 비꼼을 태연히 넘길 수 있었던 것이다.

진나라 사패가 물었다. "소공이 예를 알았습니까?" 공자가 대답하였다. "예를 알았다." 공자가 물러가자, 사패가 무마기에게 읍하여 나오게 하고서 말하였다. "내가 들으니 군자는 편당하지 않는다 하였는데, 군자도 편당을 하는가? 임금이 오나라에서 부인을 맞아들였는데, 같은 성(姓)이기에 부인을 오맹자라고 불렀다. 이러한 임금이 예를 알았다고 한다면 누가 예를 알지 못하겠는가?" 무마기가 이것을 아뢰자, 공자가 말하였다. "나는 참 운이 좋구나. 만일 잘못이 있으면 남들이 반드시 아는구나."

이 대화의 맥락을 이해하기 위해서는 등장인물에 대한 설명이 필요하다. 진사패는 진나라에서 사패의 관직을 가지고 있는 사람이고 무마기는 공자의 제자이다. 소공은 노나라의 임금으로서 예를 잘 아는 사람으로 소문이 나 있었다. 소공은 오나라에서 부인을 얻었는데 오나라와 노나라는 동성同姓의 나라이다. 노나라는 문왕文王의 아들인 주공周公이 분봉分封받은 나라이고 오나라는 문왕의 큰 아버지인 태백泰伯이 세운 나라이다. 그래서 두 나라 모두 주나라와 같은 희姬씨 성을 쓰고 있다. 건국 초기에는 두 나라가 친척 관계라고 할 수 있었으나, 춘추시대 말기에는 이미 나라를 세운 지 수백 년이 지났으니 성씨만 같을 뿐 남과 같은 관계이다. 주나라 초기에 만들어진 예禮에는 동성끼리는 결혼하지 않도록 되어 있었고 그 예는 고쳐지지 않은 채 수백 년 동안 전해지고 있었다. 그런데 소공이 동성의 나라인 오나라에서 부인을 맞이한 것이다. 게다가 맞이한 부인을 오맹자吳孟子라 불렀다.

왕이나 제후의 부인이면 부르는 격식이 따로 있다. 그들은 모두 제후의 딸이어서 출신 제후국의 성씨를 칭호 뒤에 붙인다. 예를 들어 제나라의 경우 임금의 성씨가 강姜씨이기에 문강文姜, 성강成姜이라 불렸고, 송나라의 경우 임금의 성씨가 자子씨이기에 맹자孟子, 중자仲子 등으로 불렸다. 오맹자의 경우 이를 따른다면 오나라의 성씨인 희성을 붙여 맹희孟姬라 해야 하는데 동성끼리 결혼한 것을 드러내지 않기 위해서 송나라 성씨인 자子를 붙여 맹자孟子라 하고 출신국을 알리기 위해 앞에 오吳를 붙여 오맹자吳孟子라 부르는 편법을 쓴 것이다.

다시 말하지만 오나라와 노나라가 같은 성씨라 하더라도 이미 수십 세대가 흐른 뒤이다. 우리나라에서 얼마 전까지 금지했던 동성동

본同姓同本 결혼의 경우 그 실효성을 고려해서 근친이 아니면 허용한 것처럼, 동성끼리 결혼하면 안 된다는 예禮는 유명무실했을 것이다. 당시 제후들은 대부분 결혼을 정략적으로 이용했다. 제후의 결혼은 그 나라의 생존과 발전을 위한 중요한 외교적 선택이었다. 그런 선택을 하는데 허울뿐인 동성결혼금지라는 예禮에 얽매일 수는 없었다. 건국 초기의 안정된 봉건 질서가 해체되고 있던 춘추시대 말기에는 거의 대부분의 나라에서 이 예를 지키지 않았을 것이다. 그래도 현대 사회의 법과 같은 효력과 의미를 가진 명문화된 예를 대놓고 어길 수는 없기에 이름을 편법으로 부르는 것으로 비례非禮를 에둘러 갔을 것이다.

진사패가 공자에게 소공이 예를 아는지 물었을 때 공자가 이런 부분까지 염두에 두고 대답했는지는 알 수 없다. 나라 안팎에 예를 아는 임금으로 소문이 나있는 소공이니 공자도 당연히 예를 아는 분이라고 대답할 수밖에 없었다. 대화를 마치고 공자가 나간 다음에 진사패는 공자의 제자인 무마기를 나오라고 해서 공자의 이중적인 태도를 비판한다. 동성同姓의 나라에서 부인을 맞이한 다음에 이름도 격식에 어긋나게 부르는 소공이 어찌 예를 아는 자라고 할 수 있는가? 그런데도 소공이 예를 아는 자라고 말한 공자는 소공이 자기 나라의 임금이기에 편을 든 것이 아닌가?

나중에 무마기에게 이 소식을 전해 들은 공자는 자신의 잘못을 남들이 지적해주는 이 상황이 행운이라고 말한다. 공자를 성인聖人으로 추앙하는 후대 유학자들에게 이 구절은 해석하기 난감하다. 이름도 알려지지 않은 진나라의 관원이 공자의 잘못을 지적했고 또 공자는 그것을 인정했으니 말이다. 요즘 유행하는 속된 말로 웬 '듣보잡'이 예禮를 논하는 진검승부에서 내가 존경하는 스승을 이긴 것이다. 이런 곤란한 상황에서는 다음과 같은 타협적 해석도 나온다. 공자도 이미 소공의 '비례非禮'를 알고 있었으면서 조국 노나라의 선왕先王인 소공이 무례한 일을 저질렀다고 대놓고 이야기할 수 없었기 때문에 그리 답하고 진사패의 비판을 변명 없이 받아들였다는 것이다.

충분히 가능한 해석이지만 뭔가 시원하지가 않다. 공자는 필요하다면 선왕이 아니라 왕 앞에서라도 그의 잘못을 지적하는 사람이다. 조국의 선왕이라서 잘못을 말할 수 없었다는 해석은 선뜻 받아들이기 어렵다.

필자는 공자가 진사패의 이야기를 전해들은 후에 한 말은 그의 지적을 겸허히 받아들이는 것이 아니라 그를 비꼬는 말이라고 생각한다. 공자는 원칙을 중요하게 여기지만 원칙주의자는 아니다. 함부로 과거의 전통과 가치를 버리지는 않지만 그것에 얽매이지도 않는다. 옛 것을 익혀 새로운 것을 알려고 하지 옛 것만을 고집하거나 새로움만을 추구하지 않는다.[82] 공자가 보기에 진사패는 옛 것만을 고집하는 원칙주의자이다. 유명무실한 동성결혼금지라는 원칙에 얽매여 과거의 질서가 무너지고 새로운 질서가 형성되는 시기를 유연하게 대처하지 못한다. 이런 자들하고는 대화하기가 어렵다. 원칙을 중요하게 여기는 사람은 자신의 원칙만이 유일한 원칙이 아니라 다른 사람에게도 각자의 원칙이 있다는 것을 인정하기에, 서로의 원칙을 비교하며 토론할 수 있다. 그런데 원칙주의자는 자신의 원칙만이 절대적 기준이라 여긴다. 그 기준에 어긋나는 것은 절대로 받아들일 수 없으니 대화와 타협의 여지가 거의 없다.

소공이 예를 알지 못한다는 기준이 동성의 결혼 때문이라는 진사패의 이야기를 전해 듣고 공자는 그가 이런 원칙주의자라고 생각했을 것이다. 그러니 더 이상 다른 이야기를 할 것도 없이 '그래, 내가 잘못했다. 더 이상 이야기하지 말자'라고 끝맺음을 한 것이다.

아버지 공자

공자에게도 사랑하는 자식이 있었다. 그는 어떤 아버지였을까? 『논어』에는 공자가 어떤 남편이었고 어떤 아버지였는지 묘사한 글이 거의 없다. 공자의 부인에 대해서 전해지는 야사野史들이 있는데 거의 근거 없는 이야기이기에 언급할 필요는 없을 것 같다. 다만 『논어』에 자식인 백어伯魚와의 일화가 두 군데 나오는데 이를 통해 아버지로서 공자는 어떠했는지 엿볼 수 있다.

> 공자가 백어에게 말하였다. "너는 주남과 소남을 공부하였느냐? 사람으로서 주남과 소남을 공부하지 않으면 담장을 정면으로 마주하고 서 있는 것과 같은 것이다."

공자는 평소에 시詩 공부의 중요성을 항상 강조했다. 시는 인간의 정서를 드러내고 그 정서가 표현된 역사가 담겨있으며 그를 통해 삶의 교훈을 얻을 수도 있고 많은 지식을 전달해주기도 한다. 그동안 전해져오던 시를 모아 300여 편으로 편집한 것도 그런 이유 때문이다.

그런데 백어는 공자의 자식이긴 하지만 다른 제자들에 비해 그리 뛰어나지 않았던 것 같다. 만일 그만큼 뛰어났다면 『논어』에 공자와 백어의 대화가 더 많이 등장했을 것이다. 백어의 아들이자 공자의 손자인 자사는 공자의 가르침을 정리하여 『중용中庸』을 편찬했다고 하는데[83] 백어에 대한 기록은 일찍 죽었다는 것 말고는 특이한 것이 없다.

  뛰어난 자질은 없지만 사랑하는 자식인 백어에게 공자가 전해 줄 수 있는 것은 사람답게 살기 위한 최소한의 공부였다. 주남周南과 소남召南은 『시경時經』의 맨 앞에 있는 두 편명이다. 꼭 주남과 소남만을 공부해야 한다는 뜻이 아니라 시를 공부해야 한다는 의미로 두 편명을 이야기한 것이다. 시를 공부한다는 것은 시를 하나하나 외운다는 것이 아니라 시에서 표현하는 보편적인 정서에 공감한다는 것이다. 그것을 표현한 사람과 같은 경험을 직접 하지 못하더라도 시를 통해 그 안에서 표현되는 기쁨과 슬픔, 고통과 원망 등에 공감할 수 있을 때 우리는 같은 시공간을 함께 살고 있는 타자의 정서에 공감할 수 있다. 만일 이런 공감능력이 없다면 우리는 꽉 막힌 벽 앞에 서 있는 것처럼 타인과 교감하지 못하는 삶을 살게 된다.

  우리가 세계와 소통하며 살 수 있는 것은 보고 듣고 만지는 감각기관에 의해서만이 아니다. 타자와의 정서적 교감도 감각 기관 못지않게 세계를 이해하고 소통하는 중요한 요소이다. 만일 타자의 기쁨에 함께 기뻐하지 못하고 타자의 고통에 함께 아파하지 못한다면 그런 삶은 꽉 막힌 벽에 둘러싸인 것처럼 세상과 단절된 삶이다.

  공자는 수많은 제자들이 다스리는 자治人로서의 삶을 살더라도 자식인 백어는 그렇지 못할 것이라고 짐작했을 것이다. 다스리는 자로서의 삶을 살지 못하더라도 사람이 사람답게 사는 기본은 타자와의 정서적 교감에 있다. 다스리는 자에게는 더욱 이런 교감능력이 필요하다. 공자는 백어에게 어떤 삶을 살든 이를 위해 필요한 공부를 가장 먼저 하라고 충고하고 있다.

> 진강이 백어에게 물었다. "아버님에게 어떤 특별한 가르침을 들은 바가 있는가?" 백어가 대답하였다. "그런 것은 없었다. 아버님께서 홀로 정원에 계시면서 생각에 잠겨 계시기에 방해하지 않기 위해 내가 종종걸음으로 뜰을 지나가는데, 갑자기 불러 세워서는 '시를 배웠느냐?' 하고 묻기에 '아직 배우지 못했습니다.' 하고 대답하였더니, '시를 배우지 않으면 말을 할 수 없다.' 하셔서 물러난 후에 시를 배웠다. 또 다른 날에 아버님께서 홀로 계시기에 조용히 지나가려 하였으나 또 불러 세워서 '예를 배웠느냐?' 하고 묻기에 '아직 배우지 못했습니다.' 하고 대답하였더니, '예를 배우지 않으면 사회에서 올바로 서지 못할 것이다.' 하셔서 물러난 후에 예를 배웠다. 아버님에게 들은 가르침은 이 두 가지이다." 진항이 물러나와 기뻐하면서 말하였다. "하나를 물어서 세 가지를 얻었으니, 시를 듣고 예를 들었으며 또 군자가 그 아들을 멀리하는 것을 들었구나."

백어에게 질문하는 진강은 공자의 제자라고도 하고 공자의 제자인 자공의 제자라고도 하는데, 어느 것이 맞는지는 모르겠다. 『논어』에는 진강이 자공과 나누는 두 번의 대화가 더 기록되어 있다. 그 대화에서 진강은 공자에 관해 삐딱한 물음을 던진다. 공자는 어느 나라에서든 그 나라 정치에 대한 정보를 얻는데 여기저기서 정보를 구걸하는 것이 아닌지 묻기도 하고[84] 자공이 스승보다 더 뛰어

나다는 말도 서슴지 않는다.[85]

이 질문에도 뭔가 의도가 숨어있는 것 같다. 혹시라도 공자가 자기 자식에게만 특별히 전수하는 가르침은 없는지 묻는 것이다. 진강은 왠지 모르지만 공자가 못마땅한가 보다. 어떤 꼬투리라도 잡고 싶은 것 같다. 이런 진강의 의도를 아는지 모르는지 백어는 있는 그대로 이야기해준다. 시를 배우고 예를 배우라는 두 가지를 들었을 뿐 다른 특별한 이야기는 들은 바가 없다.

진강은 무작정 공자의 흠집만 잡고 싶었던 것은 아니다. 그가 이런 도발적인 질문을 하는 것은 재아처럼 공자의 사상에 의문이 있어서 그것을 들추려 하는 것이다. 진강은 백어의 이야기를 듣고 나서 한 가지 물음에서 세 가지 깨달음을 얻었다고 크게 기뻐한다. 하나는 시 공부에 대한 것이고 두 번째는 예 공부에 대한 것이며 나머지 하나는 군자가 자식을 특별히 대하지 않고 멀리한다는 것이다.

시 공부에 대해서는 백어에게 주남과 소남을 공부하라는 대화에서 어느 정도 설명했다. 공자가 시를 공부해야 말을 할 수 있다고 한 것의 의미를 덧붙여 보겠다. 우리는 경험이나 정서를 직접적인 언어로 온전히 표현할 수 없다. 그럴 때 활용하는 것이 은유 또는 비유라는 간접적 표현이다. 경험과 정서를 가장 풍부하게 표현하는 방법이 시를 통한 간접적 표현이다.

공자는 예를 공부하지 않으면 서지立 못한 것이라 말했다. 공자는 말년에 자신의 과거를 돌아봤을 때 삼십의 나이에 섰다고三十而立 회상하였다. 이를 많은 사람은 독립의 의미로 해석한다. 그런데 독립과 예는 어떤 관계일까? 필자의 해석으로는 입立은 독립의 의미보다는 사회에서 타자와 적당한╫ 관계를 맺으며 살아가는 능력을 말한다. 예의 근본정신이 중용中庸에 있음을 여러 차례 이야기했다. 개인은 사회에서 여러 관계를 맺으며 살아간다. 아버지로서 아들로서, 배우자로서 친구로서, 직장에서는 상사로서 부하로서, 대한민국의 국민으로서 등등 무수한 관계망 속에서 적당한╫ 관계맺음을 하도록 하는 것이 예禮이다. 이런 예를 공부하지 않는다면 복잡하고 다양한 관계망에서 올바르게 설立 수 없다.

진강이 백어와의 대화에서 얻은 세 번째 깨달음은 군자가 자식을 대하는 태도이다. 진강은 군자가 자식을 멀리한다고 표현했지만, 멀리하지도 가까이하지도 않은 것이 맞다. 세상에서 가장 가까운 관계 중 하나인 자식을 일부러 멀리할 필요는 없다. 문제는 대부분의 부모가 자신의 욕심 때문에 자식과 필요 이상으로 가까운 관계를 가지고자 한다. 그래서 중╫에 들려는 공자의 모습이 일반적인 시각에서는 멀리하는 것처럼 보였을 뿐이다.

공자라고 자식인 백어를 아끼지 않았겠는가.『논어』에는 백어의 죽음이 직접 묘사되어 있지 않지만 백어가 공자보다 먼저 세상을 떴을 때의 공자의 아픔이 간접적으로 표현되어 있다. 내가 가장 아끼는 사람에게 내가 해 줄 수 있는 것은 무엇일까? 그것은 내가 원하는 것이 아니라 그가 원하는 것이고, 세상의 기준이 아니라 그의 기준에서 가장 잘 맞는 것이다. 많은 부모들은 자식에게 그 반대로 자식이 원하는 것보다 내가 원하고, 그가 좋다고 여기는 것보다 세상이 좋다고 여기는 것을 자식에게 주려고 한다.

만일 백어가 다른 제자들만큼의 자질이 있었다면 공자는 다른 제자들과 똑같이 백어를 가르쳤을 것이다. 그런데 백어에게는 뛰어난 자질이 없었다. 백어에게 어떤 다른 자질이 있었는지는 알 수 없다. 그러나 그는 그가 잘하는 것을 통해 원하는 삶을 살아가면 된다. 하지만 어떤 삶을 살더라도 사람으로서 가져야 하는 보편적인 덕목이 있다. 공자는 그것을 시와 예를 통해서 배울 수 있다고 가르친 것이다. 백어가 가장 잘 살아갈 수 있는 길을 찾아 살아가도록 배려하는 것, 그 삶을 살기 위해 반드시 가져야 하는 보편적 덕목을 갖추는 방법을 가르쳐 주는 것, 이것이 아버지로서 공자가 자식을 사랑하는 방법이다.

아무도 나를 써주는 이가 없구나!

자공이 말하기를 "아름다운 옥이 여기에 있다면, 이것을 궤 속에 넣어 깊이 보관하시겠습니까 아니면 좋은 값에 세상에 파시겠습니까?" 하자, 공자께서 대답하였다. "팔아야지. 팔고말고. 나는 여전히 좋은 값을 쳐줄 자를 기다리는 중인데 아직 그런 자가 없구나……"

자공은 언어의 달인이자 질문의 귀재이다. 그는 염유가 스승이 위나라의 임금을 도와줄 것인지 궁금해 할 때 대신 공자에게 가서 백이숙제를 들어 에둘러 물었었다. 이번에도 그는 궁금한 사항을 직접 묻지 않는다. 여기서 비유로 들은 아름다운 옥美玉은 공자를 이야기하는 것이다. 아무리 아름다운 옥이라도 상자에 담아 감추어 두면 그 아름다움을 아무도 알 길이 없다. 세상에 내놓아야 사람들이 그

가치와 아름다움을 알아볼 것이다. 공자가 아무리 뛰어난 능력과 새로운 사상을 가지고 있더라도 세상에 그 사상과 능력을 떨치지 못하면 상자에 감춰둔 옥과 다를 바가 없다. 그의 물음에는 아직 세상의 부름을 받지 못하고 있는 스승에 대한 안타까움과 혹시 공자는 세상에 나아가서 뜻을 펼치려는 의지가 없는 건 아닌지 하는 의문이 담겨져 있다.

공자가 자공이 물어보는 의도를 모를 리 없다. 공자는 자공보다 더 답답하고 안타깝다. 당연히 팔아야 한다는 말을 두 번이나 반복해서 말한다. 그런데 나만 팔려 한다고 옥이 팔리는 것은 아니다. 사는 사람과 파는 사람의 마음이 맞아야 한다. 나는 팔려는 준비가 되어 있는데 아름다운 옥의 가치를 알고 그만큼의 값을 쳐줄 자를 아직 만나지 못했다. 그렇다고 헐값에 팔수는 없지 않는가. 이윤伊尹이라는 옥玉은 탕왕湯王을 만났고, 강태공이라는 옥玉은 문왕文王이 그 가치를 알고 후한 값을 쳐서 사들였다. 공자는 천하를 돌며 자신을 사줄 자를 찾았지만 아직 만나지 못했다. 팔고 팔지 않고는 내가 선택할 수 있지만 사고 사지 않고는 내가 선택할 수 있는 문제가 아니다. 나는 쓰임을 받으면 세상에 나아가 뜻을 펼치고 쓰임을 받지 못하면 물러나 때를 기다릴 뿐이다.[86]

그런데 언제까지 기다릴 것인가? 나를 알아주지 않는 세상이 원망스러울 때도 있다.

공자가 말하였다. "나를 알아주는 이가 없구나." 이를 듣고 자공이 말하였다. "어째서 선생님을 알아주는 이가 없다고 하십니까?"

공자가 말하였다. "나는 하늘을 원망하지 않고 다른 사람을 탓하지 않으며, 보이는 것으로부터 배워 보이지 않는 것을 터득하는 사람이다. 이런 나를 알아주는 이는 오직 하늘뿐이다."

아무리 기다리고 찾아다녀도 아름다운 옥의 가치를 알고 사줄 사람이 없다. 기다림에 지친 공자는 안타까움을 토로한다. '세상에 나를 알아주는 사람이 없구나.' 스승의 탄식을 들은 자공은 스승의 말이 잘 이해가 되지 않는다. 아직 어떤 직위를 가지지는 못했지만 많은 사람들이 스승에게 정치적 조언을 구하고, 능력을 인정해 주고 있는데 자신을 알아주는 이가 없다고 하다니. 하다못해 그에게 가르침을 받고 있는 자신을 포함한 많은 제자들의 존재가 그를 알아주는 이가 많다는 증거가 아닌가.

그런데 사람들이 안다고 생각하는 공자의 모습은 일면일 뿐이다. 공자가 생각하는 자신의 가치는 눈에 보이지 않는 면에 있다. 그가 스스로를 평가하는 것은 눈에 드러나는 성과를 내는 능력이 아니다. 실패했을 때 하늘을 원망하지 않고 남을 탓하지 않으면서 나의 부족한 부분을 돌아보며 끊임없는 반성하고 학습해 성장하는 모습, 눈에 보이는 것下을 모방學하고 반복習하며 눈에 보이지 않는 것上을 깨달을 수 있는達 배움을 좋아하는 모습, 이것이 공자의 진정 아름다운 옥美玉으로서의 모습이다.

겉으로 드러나는 아름다움만이 아니라 보이지 않는 아름다움까지 알아주는 이는 이 세상에 없는가 보다. 오직 하늘만이 나의 이런 면을 알아주지 않을까?

공자가 말하였다. "이제 나는 앞으로 말을 하지 않을 것이다." 그 말을 듣고 자공이 말하였다. "선생님께서 말씀을 하지 않으신다면 저희들이 어떻게 선생님의 가르침을 전할 수 있겠습니까?" 공자가 말하였다. "하늘이 무슨 말을 하더냐. 사시가 운행하고 온갖 만물이 태어나 자랄 뿐, 하늘이 무슨 말을 하더냐."

공자는 자신이 하는 말을 알아듣지 못하는 세상에 선언한다. '나는 더 이상 말을 하지 않겠다.' 이 말을 들은 자공은 깜짝 놀란다. '선생님의 가르침을 후대에 전해야 하는데逑 선생님께서 말을 하지 않는다면 어떻게 저희가 그것을 전할 수 있겠습니까?' 공자는 자신의 뜻을 잘 알아듣지 못하는 자공이 답답하다. '내가 전하고자 하는 도道는 하늘의 이치와 같다. 봄, 여름, 가을, 겨울 사계절이 운행하고 그에 맞추어 만물이 나고 자라 성장하고 죽음을 맞이하는데 이런 이치를 하늘이 말로 전하더냐. 도道는 사시의 운행처럼 항상 드러나 있다. 다만 그것을 볼 수 있는 자만 볼 수 있을 뿐이지 말로 전달되는 것이 아니다.'

말들은 인간이 세상을 이해하고, 그 이해된 바를 서로 소통할 수 있는 유일한 통로이면서 동시에 이해와 소통의 가장 큰 장애물이기도 하다. 나의 생각이나 경험을 누군가에게 알리기 위해서는 말을 사용할 수밖에 없다. 하지만 내 생각이나 경험을 온전하게 표현할 수 없다. 따라서 말로 의사소통할 때 말로 표현할 수 없는 생각과 경험은 전달되지 않는다. 요컨대 말로 의사소통할 때는 소통과 동시에 불통이 생긴다.

이런 조건 속에서 소통의 가능성을 더 높이고 불통의 가능성을 낮추는 길은 말로 표현되지 않는 부분이 있다는 것을 인정하고, 언어 이외의 통로로 소통하고 공감하고자 노력하는 자세이다. 석가모니가 영산에서 설법할 때 아무 말 없이 연꽃을 들어 보이자 오직 가섭만이 그 뜻을 알고 미소를 지었다는 염화미소拈花微笑의 일화는 그 대표적인 예일 것이다.

공자가 말을 하지 않겠다고 하는 것은 더 이상 도道를 전하지 않겠다는 것이 아니다. 그것을 말로 전달했을 때 말 자체에 얽매여서 말로는 표현할 수 없는 것을 보려 하지 않으니 장애물인 말을 더이상 하지 않겠다는 것이다.

말로 해도 알아듣지 못하는 자신의 뜻을, 말을 하지 않았을 때 알아듣는 자가 나타날까? 공자가 기대하는 자신을 써줄 사람은 나타나지 않고 세상을 등진 은둔자들이 공자의 모습을 알아보기 시작한다.

내가 머물 곳은 이곳

공자는 위험한 나라에는 들어가지 말고 질서가 무너진 나라에는 머물지 말라고 했다.[87] 그런데 온 세상이 위험하고 온 세상의 질서가 무너진다면 어디로 가야 하는가? 위험하고 질서가 무너진 세상을 피해 세상을 등지고 살아가는 자들이 있었으니 사람들은 그들을 은자隱者라고 불렀다. 은자들은 도가 무너진 세상에 여전히 머물고 있는 공자를 비웃는다. 왜 공자는 이들의 비웃음을 들으면서, 또 세상에서 그를 쓰려고도 하지 않는데 세상을 완전히 등지지 않는가?

은자들은 공자를 어떤 시각으로 바라보았고 공자는 또 어떻게 받아들였는지 몇 편의 대화를 통해 살펴보자. 공교롭게도 은자들과 공자가 만나는 사이에는 항상 자로가 끼어 있다.

> 자로가 공자와 잠시 헤어져 석문(石門)이라는 곳에서 하룻밤을 보내게 되었을 때 그 문을 지키는 문지기인 신문(晨門)이 물었다. "그대는 어디서 오는 길인가?" 자로가 대답하였다. "공씨(공자)로부터 왔습니다." 신문이 말하였다. "안 될 것을 뻔히 알면서도 계속 시도하는 그 자 말인가?"

석문石門은 노나라 성 바깥의 작은 문이다. 신문晨門은 그 문의 문지기이니 사회적 신분이 상당히 낮은 자이다. 자로와 이 문지기의 짧은 문답이 예사롭지 않다. 이 문지기는 자로에게 어디서 왔는지를 묻는다. 자로는 이 문지기가 신분은 낮아도 보통 사람이 아님을 직감했는지 그의 질문에 공손하게 대답한다. 보통 누군가 어디서 왔는지를 묻는다면 자신의 고향을 이야기하거나 여기에 오기 직전에 어느 장소에 있었는지를 대답할 것이다. 그런데 자로는 이 질문을 공간적으로 해석하지 않고 정신적인 차원으로 변주한다. 어디서부터 출발해서 여기까지 왔다는 대답은 내가 현재의 이 공간에 있기 전의 공간적 과거를 말하는 것이다. 그런데 자로가 대답한 '공자로부터' 왔다는 말은 자신의 현재를 있게 한 과거는 공자와의 만남으로부터라는 의미이다. 이는 자신이 공자에 의해 새롭게 태어났음을 암시한다.

신문은 이미 공자의 명성을 익히 들어 알고 있다. 자로가 공자의 제자라는 것을 알고 그의 스승을 신랄하게 비판한다. '아, 안될 줄 알면서도 쓸데없이 일을 벌이고 다니는 그자 말인가.' 신문과 같은 은자들이 보기에 공자는 헛된 일을 하면서 다니고 있다. 공자 스스로 말한 것처럼 위험하고 어지러운 세상에서 피해야 하거늘 마치 무너지는 댐을 혼자 막으려는 듯이 무모한 짓을 하고 있다.

신문이 공자를 비판한 내용은 역설적으로 다른 어떤 사람의 긍정적인 평보다도 공자의 삶을 잘 드러낸다. 프랑스의 주요 현대철학자 중 한 명인 자크 데리다는 진정한 용서는 용서할 수 없는 것을 용서하는 것이라 말했다. 이는 용서뿐만 아니라 다른 많은 인간의 행위에 적용할 수 있다. 진정한 사랑은 사랑할 수 없는 것을 사랑하는 것이다. 자신을 십자가에 못 박은 이들을 용서하고 원수를 사랑하라고 한 예수의 삶이 불가능한 용서와 사랑의 전형적인 예이다. 공자의 위대한 점은 바로 신문이 말한 것처럼 불가능하다는 것을 알면서도 행동하는 삶에 있다.

일이 되고 안 되고는 나의 의지에 달려있지 않다. 나의 실천, 나와 관계 맺고 있는 여러 주체들의 행동, 그리고 우리가 알 수 없는 어떤 보이지 않는 영역의 작용이 복잡하게 얽혀 일이 이루어지게 된다. 이때 내가 할 수 있는 것은 일의 가능성과 불가능성을 따지는 것이 아니라 해야 할 일을 하는 것뿐 이다. 대부분의 사람들은 될 일만을 찾아 해왔지만 인간의 역사는 공자처럼 안 되는 줄 알면서도 끊임없이 도전했던 소수의 사람들에 의해 불가능이 가능해졌기에 여기까지 왔다.

공자의 드러난 삶은 실패한 삶이다. 당대 누구의 쓰임도 받지 못했고, 그의 정치적 이상은 시도조차 해볼 수 없었다. 하지만 불가능하다는 것을 알면서 행동하는 그의 삶은 그의 제자들에게, 그의 언행을 기록한 흔적인 『논어』를 비롯한 다른 문헌에 씨를 뿌렸다. 그 씨가 점점 싹을 틔워 불가능한 줄만 알았던 일이 그의 삶을 배우려는 자들에 의해 점점 가능해지고 있다.

장저와 걸익이 밭을 갈고 있었는데 공자가 자로를 시켜 나루터로 가는 길을 묻게 했다. 자로가 나루터로 가는 길을 묻자 장저가 공자를 가리키며 말하였다. "너에게 심부름을 시킨 저기 수레에 서 있는 사람이 누군가?" 자로가 대답하였다. "공구라고 하는 자입니다." 장저가 "노나라 출신의 그 공구라는 자인가?" 하고 다시 묻자, "예, 그렇습니다." 하고 대답하니, "그럼 나루터 가는 길은 저자가 더 잘 알 것이다."라고 하였다.

자로가 옆에 있는 걸익에게 나루터 가는 길을 다시 물으니 걸익이 "그대는 누구인가?"하고 묻자, 자로는 "중유(자로)라고 합니다."라고 대답하였다. 걸익이 "노나라 출신의 공구라는 자를 따라다닌다는 그 자로인가?"라고 묻자, "예, 그렇습니다."라고 대답하였다. 이에 걸익은 말하였다. "천하에 도가 없음은 그저 도도한 흐름에 의한 것이거늘, 누가 그것을 바꿀 수 있단 말인가? 계란으로 바위치기일 뿐이지. 세상을 바꾸기 위해 자신을 등용할 사람을 찾아다닌다고 하면서 실제로는 사람들을 피해 다닐 뿐인 저사람(공자)은 그만 따라다니고 차라리 세상을 피해서 살고 있는 나를 따르는 것이 어떤가?"

자로가 돌아와서 장저, 걸익과 나눈 이야기를 공자에게 이야기하였더니 공자는 하늘을 보고 탄식을 하며 이렇게 말하였다. "산속의 저 새나 짐승의 무리와 내가 함께 살 수는 없는 것이 아닌가? 이 세상에서 사람들과 함께 살아가지 않는다면 도대체 누구랑 살 수 있단 말인가? 게다가 만일 천하에 이미 도가 있다면 굳이 내가 바꾸려고 노력하지 않을 것이다."

장저와 걸익은 신문과 같이 세상을 등진 은자隱者들이다. 이들은 농사를 지으면서 세상의 시선을 피해서 살고 있다. 이들이 갈고 있는 밭을 지나면서 공자는 자로를 시켜 나루터로 가는 길을 물어보라 한다. 그런데 장저와 걸익은 길을 알려줄 생각은 하지 않고 엉뚱한 소리만 한다. 이들도 공자의 명성을 이미 들어 알고 있었다. 이들은 여러 사람이 함께 무리를 지어서 자신의 밭을 지나가는 것을 보고 공자 일행이라 짐작도 했을 것이다. 자로가 나루터 가는 길을 묻자 장저는 수레에 타고 있는 사람이 공자인 것을 확인하고 나루터 가는 길은 자신보다는 공자가 더 잘 알 것이라고 비꼰다. 자신은 농사나 지으면서 이곳에 살고 있는데 '저 공자'는 세상을 구하겠다고 온 세상을 돌아다니니 자신보다 길을 더 잘 알 것이라고 비꼰 것이다.

머쓱해진 자로는 옆에 있는 걸익에게 다시 길을 묻는다. 걸익은 한 발 더 나아가 자로에게 공자 대신 자신을 따르라고 권유한다. 그는 공자를 사람을 피하는 자辟人라 말하고 자신을 세상을 피하는 자辟世라 표현한다. 은자隱者인 장저와 걸익이 스스로를 세상을 피하는 자라고 말한 것은 이해가 되는데 쓰임을 받고자 자신을 알아보는 사람을 찾아다니고 있는 공자가 사람을 피해 다닌다는 말은 선뜻 이해되지 않는다. 이 또한 장저처럼 공자를 비꼬는 말이다. 자신을 발탁할 사람을 찾아 여러 나라를 돌아다니고 있지만 쓰임을 받지 못해 그 나라를 떠나는 일이 반복되니 그것을 비꼬아서 '사람을 피하는 자辟人'라 말한 것이다.

자로는 원하는 대답을 듣지 못하고 공자에게 돌아와 두 사람과 나눈 대화를 보고한다. 자리는 얻지 못하고 언제 끝날지 모르는 방랑길을 떠돌고 있는 와중에 은자들에게 이렇게 무시당하는 심정은 어떨까? 공자는 허탈해하며 한동안 하늘을 바라보고 아무 말도 못한다. 그러다 마침내 자신의 심정을 토로한다. 자신도 세상에 도가 없다는 것을 알고 있다. 그렇다 해도 세상을 떠나 새와 짐승의 무리들과 살 수는 없지 않은가? 만일 세상에 도가 있다면 내가 세상을 바꾸겠다고 이렇게 돌아다니지는 않을 것이다.

인간은 사회를 이루어 살아가야 하는 존재이다. 사회 속에서 살아오면서 인간에게는 이중적인 본성이 생겼다. 그것은 한 개체로서 생존하고자 하는 본성과 공동체 안에서 더불어 살아가고자 하는 본성이다. 때로는 두 본성이 갈등을 일으키기도 하고 때로는 조화를 이룬다. 무도無道한 세상은 두 본성의 갈등을 유발하고 유도有道한 세상은 두 본성이 조화를 이루는 세상이다. 어떤 경우에도 생존하고자 하는 개체로서의 본성을 버릴 수 없는 것처럼, 무도한 세상이라 하더라도 다른 사람들과 함께 공동체를 이루며 살아가고자 하는 본성을 버릴 수 없다. 그러니 공자는 아무리 무도한 세상이라도 사회를 떠나 '짐승의 무리'와 함께 살 수 없다고 말한 것이다.

천하에 도가 사라진 지 오래라는 장저와 걸익의 생각에 공자도 동의한다. 장저와 걸익은 그런 무도한 세상을 피해 살아간다. 공자는 무도하기에 더욱 그 세상에 몸을 던진다. 공자에게 천하에 도가 있었던 때는 오래전 과거이고 언제 올지 모르는 미래이다. 과거의 도를 현재에 재현하여 미래를 여는, 그런 불가능성에 몸을 던지는 것이 공자의 선택이다. 그리고 그것이 바로 무도한 천하에 도를 이루는 길이다. 이것이 바로 공자가 선택한 '안 될 것을 알면서 행하는' 삶이다.

흐르는 강물처럼

공자가 시냇가에서 흐르는 물을 보며 말하였다. "물이 흐르는 것이 이와 같구나. 밤낮으로 그치지 않는다."

필자는 차를 타고 강변을 지나갈 때나 계곡에 흐르는 물을 볼 때면 두 가지 옛 표현이 떠오른다. 하나는 고대 희랍의 철학자인 헤라클레이토스가 말한 '흐르는 강물에 발을 두 번 담글 수 없다'이고 또하나는 위와 같은 공자의 말이다. 헤라클레이토스의 말은 세상의 모든 것은 변한다는 그의 사상을 언제나 같은 이름으로 불리는 강이라 해도 강을 이루는 물은 끊임없이 흘러가는 현상에 비유한 표현이다. 헤라클레이토스의 비유는 설명을 들으면 쉽게 이해가 간다. 그런데 공자는 무슨 뜻으로 한 말인지 아리송하다.

후대의 유학자들은 공자의 말을 주로 두 가지 의미로 해석해 왔다. 하나는 천지의 운행이 그침이 없음을 흐르는 물에 비유했다는 해석이고, 또 하나는 끝없는 학문의 진전을 위해 노력하는 모습을 비유했다는 해석이다. 듣고 보니 그럴듯하지만 뭔가 부족하다.

공자가 더 이상 말을 하지 않겠다고 했던 구절을 풀이하면서 말을 이 가지고 있는 이중성을 이야기했다.[88] 구체적인 말의 표현이 사건이나 경험의 표현되지 않은 나머지를 가려버리는 소통과 불통의 이중성 말이다. 공자가 흐르는 물을 보며 한 이 말은 그런 이중성을 넘어선다. 전하고자 하는 명확한 뜻을 표현하지 않으면서 아주 많은 것을 그 안에 담고 있다. 천지의 운행에 대한 비유나 끝없는 학문의 진전을 위한 노력이라는 해석은 이 표현에 담겨 있는 수많은 것을 상상할 수 있는 가능성을 잠재운다.

수천 년 전에 세상을 뜬 공자에게 물어보지 않는 한 공자가 왜 이런 말을 했는지 알 수 없을 것이다. 가급적 공자와 비슷한 상황에 서 있는 나를 상상해 봄으로써 조금은 그의 마음을 이해할 수 있을 것 같다. 지금까지 살펴본 공자가 겪은 수많은 드라마를 다시 머리에 떠올려 본다. 무도한 세상을 바꾸려는 노력, 그런 나를 알아주지 않는 세상, 어떤 어려움 속에서도 함께 한 제자이자 동료들, 사랑하는 자식과 제자의 죽음, 믿었던 제자의 배신, 학습을 통한 기쁨과 벗들과 함께 공부하면서 얻는 즐거움……. 이 모든 경험의 흔적을 몸에 새긴 공자는 끝없이 흐르는 강을 무심히 바라보며 서 있다. 그 느낌을 어떻게 말로 표현할 수 있을까? '강물이 끝없이 흐르고 있구나'라는 감탄사 외에.

공자의 심정을 추체험하는 것은 잠시 접어두고 필자가 흐르는 강물을 바로 보며 떠올린 생각을 회상해 본다. 헤라클레이토스가 말한 것처럼, 어제 한강을 흐른 물과 오늘 한강을 흐르는 물은 다르다. 그런데 우리는 그 강을 어제나 오늘이나 한강이라는 이름으로 부른다. 그럼 어제의 한강과 오늘의 한강은 같은 강인가 다른 강인가? 매번 흐르는 물은 다르지만 물이 비슷한 형태로 그 길道을 흐른다는 점에서 같다. '나'도 이런 강물과 비슷하다. 10년 전의 '나'와 지금의 '나'는 몸을 이루는 하나하나의 세포뿐만 아니라 생각을 이루는 기억과 경험도 다르다. 하지만 10년 전과 다른 세포이지만 같은 몸을 이루고 있고, 이전과 다른 기억과 경험이지만 '나'라는 근거 위에 남아 있는 것이 한강과 한강을 흐르는 강물이 맺는 관계와 비슷하다.

이 관계는 한 개체인 '나'뿐만 아니라 이 세상도 마찬가지이다. 천하天下라는 이름의 세상은 무수히 많은 것들이 무수한 관계망을 이루면서 변화해 간다. 그런 끊임없는 변화는 천하天下라는 변하지는 않는 '강江' 안에서 흐르는 강물이다. 변하지 않는 사시운행의 법칙 안에서 만물은 매번 다른 양상으로 나고 자라고 죽는다. 공자가 강물을 보며 느낀 것은 이런 것이 아닐까. 흐르는 강이 보여주는, '나'와 우주의 끊임없이 변하면서도 변하지 않는 이치를 본 것이 아닐까.

『논어』와 공자의 삶은 흐르는 강물과 유사하다. 『논어』에 기록되어 우리에게 전해진 글은 변하지 않는다. 하지만 『논어』라는 강을 흐르는 공자의 삶은 새로운 시대, 새로운 독자와 만나면 새로운 드라마로 거듭난다. 같은 강물에 발을 두 번 담글 수 없는 것처럼 『논어』를 읽을 때마다 우리는 새로운 드라마를 보게 된다. 하지만 매번 새로운 드라마 안에는 『논어』와 공자가 보여주는 변하지 않는 보편성이 있다.

지금까지 필자가 읽은 『논어』 안에 담긴 드라마를 함께 관람했다. 앞으로 또 어떤 새로운 드라마를 읽어낼 수 있는지는 여러분에게 남겨진 몫이다.

16쪽 　子路는 有聞이요 未之能行하여선 唯恐有聞하더라 (公冶長 5-13)

18쪽 　子曰 道不行이라 乘桴하여 浮于海호리니 從我者는 其由與인저 子路聞之하고 喜한대 子曰 由也는 好勇이 過我나 無所取材로다 (公冶長 5-6)

19쪽 　子謂顔淵曰 用之則行하고 舍之則藏을 惟我與爾有是夫인저 子路曰 子行三軍이면 則誰與시리잇고 子曰 暴虎馮河하여 死而無悔者를 吾不與也니 必也臨事而懼하여 好謀而成者也니라 (述而 7-10)

21쪽 　子曰 由之瑟을 奚爲於丘之門고 門人이 不敬子路한대 子曰 由也는 升堂矣요 未入於室也니라 (先進 11-14)

23쪽 　子疾病이어시늘 子路請禱한대 子曰 有諸아 子路對曰 有之하니 誄曰 禱爾于上下神祇라하니이다 子曰 丘之禱久矣니라 (述而 7-34)

24쪽 　子疾病이어시늘 子路使門人으로 爲臣이러니 病間曰 久矣哉라 由之行詐也여 無臣而爲有臣하니 吾誰欺오 欺天乎인저 且予與其死於臣之手也론 無寧死於二三子之手乎아 且予從不得大葬이나 予死於道路乎아 (子罕 9-11)

26쪽 　季路問事鬼神한대 子曰 未能事人이면 焉能事鬼리오 敢問死하노이다 曰 未知生이면 焉知死리오 (先進 11-11)

30쪽 　子曰 由아 誨女知之乎인저 知之爲知之요 不知爲不知 是知也니라 (爲政 2-17)

33쪽 　子見南子하신대 子路不說이어늘 夫子矢之曰 予所否者인댄 天厭之 天厭之시니라 (雍也 6-26)

35쪽 　公山弗擾以費畔하여 召어늘 子欲往이러시니 子路不說 曰 末之也已니 何必公山氏之之也시리잇고 子曰 夫召我者는 而豈徒哉리오

如有用我者면 吾其爲東周乎인저 (陽貨 17-5)

38쪽 佛肸이 召어늘 子欲往이러시니 子路曰 昔者에 由也聞諸夫子호니 曰 親於其身에 爲不善者어든 君子不入也라하시니 佛肸이 以中牟畔이어늘 子之往也는 如之何잇고 子曰 然하다 有是言也니라 不曰堅乎아 磨而不磷이니라 不曰白乎아 涅而不緇치나 吾豈匏瓜也哉라 焉能繫而不食이리오 (陽貨 17-7)

41쪽 子路曰 衛君이 待子而爲政하시나니 子將奚先이시리잇고 子曰 必也正名乎인저 子路曰 有是哉라 子之迂也여 奚其正이시리잇고 子曰 野哉라 由也여 君子於其所不知에 蓋闕如也니라 名不正 則言不順하고 言不順 則事不成하고 事不成 則禮樂이 不興하고 禮樂이 不興 則刑罰이 不中하고 刑罰이 不中 則民無所錯手足이니라 故로 君子名之인댄 必可言也며 言之인댄 必可行也니 君子於其言에 無所苟而已矣니라 (子路 13-3)

46쪽 閔子는 侍側에 誾誾如也하고 子路는 行行如也하고 冉有 子貢은 侃侃如也어늘 子樂하시다 若由也는 不得其死然이로다 (先進 11-12)

51쪽 子曰 巧言令色이 鮮矣仁이니라 (學而 1-3)

52쪽 子曰 回也는 其庶乎요 屢空이니라 賜는 不受命이요 而貨殖焉이나 億則屢中이니라 (先進 11-18)

53쪽 子貢이 欲去告朔之餼羊한대 子曰 賜也야 爾愛其羊가 我愛其禮하노라 (八佾 3-17)

54쪽 子貢曰 我不欲人之加諸我也를 吾亦欲無加諸人하노이다 子曰 賜也아 非爾所及也니라 (公冶長 5-11)

55쪽 子貢이 方人하더니 子曰 賜也 賢乎哉아 夫我則不暇로라 (憲問 14-31)

57쪽 子貢이 問政한대 子曰 足食, 足兵이면 民이 信之矣리라 子貢曰 必不得已而去인댄 於斯三者에 何先이리잇고 曰 去兵이니라 子貢曰

必不得已而去인댄 於斯二者何先이리잇고 曰 去食이니 自古로 皆
有死어니와 民無信不立이니라 (顏淵 12-7)

60쪽　冉有曰 夫子爲衛君乎아 子貢曰 諾다 吾將問之호리라 入曰 伯夷叔
齊는 何人也잇고 曰 古之賢人也니라 曰 怨乎잇가 曰 求仁而得仁
이어니 又何怨이리오 出曰 夫子不爲也시리라 (述而 7-14)

63쪽　子貢이 問曰 賜也는 何如하니잇고 子曰 女는 器也니라 曰 何器也잇
고 曰 瑚璉也니라 (公冶長 5-3)

66쪽　子貢이 問曰 鄕人이 皆好之면 何如하니잇고 子曰 未可也니라 鄕人
이 皆惡之면 何如하니잇고 子曰 未可也니라 不如鄕人之善者好之
요 其不善者惡之니라 (子路 13-24)

70쪽　子曰 斯也아 女以予爲多學而識之者與아 對曰 然하이다 非與잇가
曰 非也라 予一以貫之니라 (衛靈公 15-2)

71쪽　子曰 參乎아 吾道는 一以貫之니라 曾子曰 唯라 子出커시늘 門人이
問曰 何謂也잇고 曾子曰 夫子之道는 忠恕而已矣시니라 (里仁 4-15)

73쪽　子謂子貢曰 女與回也로 孰愈오 對曰 賜也何敢望回리잇고 回也는
聞一以知十하고 賜也는 聞一以知二하노이다. 子曰 弗如也니라 吾
與女의 弗如也하노라 (公冶長 5-8)

75쪽　子貢曰 貧而無諂하며 富而無驕 何也하니잇고 子曰 可也나 未若貧
而樂하며 富而好禮者也니라 子貢曰 詩云 如切如磋하며 如琢如磨
라하니 其斯之謂與인저 子曰 賜也는 始可與言詩已矣로다 告諸往
而知來者온여 (學而 1-15)

82쪽　叔孫武叔이 語大夫於朝曰 子貢이 賢於仲尼하니라 子服景伯이 以
告子貢한대 子貢曰 譬之宮牆컨댄 賜之牆也는 及肩이라 窺見室家
之好어니와 夫子之牆은 數仞이라 不得其門而入이면 不見宗廟之
美와 百官之富니 得其門者或寡矣니 夫子之云이 不亦宜乎아 (子張
19-23)

90쪽　子曰 吾與回言終日에 不違如愚러니 退而省其私한대 亦足以發하나니 回也不愚로다 (爲政 2-9)

91쪽　子曰 回也는 其心이 三月不違仁이요 其餘則日月至焉而已矣니라 (雍也 6-5)

93쪽　子曰 賢哉라 回也여 一簞食와 一瓢飮으로 在陋巷을 人不堪其憂어늘 回也不改其樂하니 賢哉라 回也여 (雍也 6-9)

95쪽　顔淵이 死어늘 子曰 噫라 天喪予삿다 天喪予삿다 (先進 11-8)

95쪽　顔淵이 死어늘 子哭之慟하신대 從者曰 子慟矣시니이다 曰 有慟乎아 非夫人之爲慟이요 而誰爲리오 (先進 11-9)

98쪽　顔淵이 死어늘 顔路請子之車하여 以爲之槨한대 子曰 才不才에 亦各言其子也니 鯉也死어늘 有棺而無槨호니 吾不徒行하여 以爲之槨은 以吾從大夫之後라 不可徒行也일새니라 (先進 11-7)

100쪽　顔淵이 死어늘 門人이 欲厚葬之한대 子曰 不可하니라 門人이 厚葬之한대 子曰 回也는 視予猶父也어늘 予는 不得視猶子也호니 非我也라 夫二三子也니라 (先進 11-10)

103쪽　子謂顔淵曰 惜乎라 吾見其進也요 未見其止也로라 (子罕 9-20)

104쪽　哀公이 問 弟子孰爲好學이니잇고 孔子對曰 有顔回者好學하여 不遷怒하며 不二過하더니 不幸短命死矣라 今也則亡하니 未聞好學者也니이다 (雍也 6-2)

105쪽　子曰 由也아 女聞六言六蔽矣乎아 對曰 未也로이다 居하라 吾語女호리라 好仁不好學이면 其蔽也愚하고 好知不好學이면 其蔽也蕩하고 好信不好學이면 其蔽也賊하고 好直不好學이면 其蔽也絞하고 好勇不好學이면 其蔽也亂하고 好剛不好學이면 其蔽也狂이니라 (陽貨 17-8)

109쪽　子畏於匡하실새 顔淵이 後러니 子曰 吾以女爲死矣로라 曰 子在어시니 回何敢死리잇고 (先進 11-22)

112쪽 　顏淵이 喟然歎曰 仰之彌高하며 鑽之彌堅하며 瞻之在前이러니 忽
　　　 焉在後로다 夫子循循然善誘人하사 博我以文하시고 約我以禮하시
　　　 니라 欲罷不能하여 旣竭吾才호니 如有所立이 卓爾라 雖欲從之나
　　　 末由也已로다 (子罕 9-10)

118쪽 　閔子는 侍側에 誾誾如也하고 子路는 行行如也하고 冉有 子貢은 侃
　　　 侃如也어늘 子樂하시다 若由也는 不得其死然이로다 (先進 11-12)

118쪽 　子路問成人한대 子曰 若臧武仲之知와 公綽之不欲과 卞莊子之勇
　　　 과 冉求之藝에 文之以禮樂이면 亦可以爲成人矣니라 曰 今之成人
　　　 者는 何必然이리오 見利思義하며 見危授命하며 久要에 不忘平生
　　　 之言이면 亦可以爲成人矣니라 (憲問 14-13)

120쪽 　季子然問 仲由 冉求는 可謂大臣與잇가 子曰 吾以子爲異之問이러
　　　 니 曾由與求之問이로다 所謂大臣者는 以道事君하다가 不可則止
　　　 하나니 今由與求也는 可謂具臣矣니라 曰 然則從之者與잇가 子曰
　　　 弑父與君은 亦不從也리라 (先進 11-23)

123쪽 　子路問 聞斯行諸잇가 子曰 有父兄在하니 如之何其聞事行之리오
　　　 冉有問 聞斯行諸잇가 子曰 聞斯行之니라 公西華曰 由也問 聞斯
　　　 行諸어늘 子曰 有父兄在라하시고 求也問 聞斯行諸어늘 子曰 聞斯
　　　 行之라하시니 赤也惑하여 敢問하노이다 子曰 求也는 退故로 進之
　　　 하고 由也는 兼人故로 退之로라 (先進 11-21)

125쪽 　冉求曰 非不說子之道언마는 力不足也로이다 子曰 力不足者는 中道
　　　 而廢하나니 今女는 劃이로다 (雍也 6-10)

126쪽 　季氏旅於泰山이러니 子謂冉有曰 女弗能救與아 對曰 不能이로소이
　　　 다 子曰 嗚呼라 曾謂泰山이 不如林放乎아 (八佾 3-6)

131쪽 　冉子退朝어늘 子曰 何晏也오 對曰 有政이러이다 子曰 其事也로다
　　　 如有政인댄 雖不吾以나 吾其與聞之니라 (子路 13-14)

132쪽 　季氏將伐顓臾러니 冉有季路 見於孔子曰 季氏將有事於顓臾리이

다 孔子曰 求아 無乃爾是過與아 夫顓臾는 昔者에 先王이 以爲東
蒙主하시고 且在邦域之中矣라 是社稷之臣也니 何以伐爲리오 冉
有曰 夫子欲之언정 吾二臣者는 皆不欲也로소이다 孔子曰 求아 周
任이 有言曰 陳力就列하여 不能者止라하니 危而不持하며 顚而不
扶면 則將焉用彼相矣리오 且爾言이 過矣로다 虎兕出於柙하며 龜
玉이 毁於櫝中이 是誰之過與오 冉有曰 今夫顓臾固而近於費하니
今不取면 後世에 必爲子孫憂하리이다 孔子曰 求아 君子는 疾夫舍
曰欲之요 而必爲之辭니라 丘也聞호니 有國有家者는 不患寡而患
不均하며 不患貧而患不安이라하니 蓋均이면 無貧이요 和면 無寡
요 安이면 無傾이니라 夫如是故로 遠人이 不服이면 則修文德以來
之하고 旣來之면 則安之니라 今由與求也는 相夫子호되 遠人이 不
服而不能來也하며 邦分崩離折而不能守也하고 而謀動干戈於邦內
하니 吾恐季孫之憂 不在顓臾而在蕭墻之內也하노라 (季氏 16-1)

136쪽 季氏富於周公이어늘 而求也 爲之聚斂而附益之한대 子曰 非吾徒
也로소니 小子아 鳴鼓而攻之 可也니라 (先進 11-16)

138쪽 子適衛하실새 冉有僕이러니 子曰 庶矣哉라 冉有曰 旣庶矣어든 又
何可焉이리잇고 曰 富之니라 曰 旣富矣어든 又何可焉이리잇고 曰
敎之니라 (子路 13-9)

143쪽 宰予晝寢이어늘 子曰 朽木은 不可雕也요 糞土之牆은 不可杇也니
於予與에 何誅리오 子曰 始吾於人也에 聽其言而信其行이러니 今
吾於人也에 聽其言而觀其行하노니 於予與에 改是로라 (公冶長 5-9)

145쪽 宰我問曰 仁者 雖告之曰 井有仁焉이라도 其從之也로소이다 子曰
何謂其然也리오 君子는 可逝也언정 不可陷也며 可欺也언정 不可
罔也니라 (雍也 6-24)

147쪽 宰我問 三年之喪이 期已久矣로소이다 君子 三年을 不爲禮면 禮必
壞하고 三年을 不爲樂이면 樂必崩하리니 舊穀이 旣沒하고 新穀이

旣升하며 鑽燧改火하나니 期可以矣로소이다 子曰: 食夫稻하며 衣
夫錦이 於女에 安乎아 曰 安하나이다 女安則爲之하라 夫君子之居
喪에 食旨不甘하며 聞樂不樂하며 居處不安이라 故로 不爲也하나
니 今女安則爲之하라 宰我出이어늘 子曰 予之不仁也여 子生三年
然後에 免於父母之懷하나니 夫三年之喪은 天下之通喪也니 予也
有三年之愛於其父母乎아 (陽貨 17-21)

151쪽 孟懿子問孝한대 子曰 無違니라 樊遲御러니 子告之曰 孟孫이 問孝
於我어늘 我對曰 無違라호라 樊遲曰 何謂也잇고 子曰 生事之以禮
死葬之以禮 祭之以禮니라 (爲政 2-5)

154쪽 樊遲問仁한대 子曰 愛人이니라 問知한대 子曰 知人이니라 樊遲未
達이어늘 子曰 擧直錯諸枉이면 能使枉者直이니라 樊遲退하여 見
子夏曰 鄕也에 吾見於夫子而問知호니 子曰 擧直錯諸枉이면 能使
枉者直이라하시니 何謂也오 子夏曰 富哉라 言乎여 舜有天下에 選
於衆하사 擧皐陶하시니 不仁者遠矣요 湯有天下에 選於衆하사 擧
伊尹하시니 不仁者遠矣니라 (顔淵 12-22)

157쪽 樊遲問知한대 子曰 務民之義요 敬鬼神而遠之면 可謂知矣니라 問
仁한대 曰 仁者先難以後獲이면 可謂仁矣니라 (雍也 6-20)

161쪽 樊遲請學稼한대 子曰 吾不與老農호라 請學爲圃한대 曰 吾不知老
圃호라 樊遲出이어늘 子曰 小人哉라 樊須也여 上好禮면 則民莫敢
不敬하고 上好義면 則民莫敢不服하고 上好信이면 則民莫敢不用
情이니 夫如是면 則四方之民이 襁負其子而至矣리니 焉用稼리오
(子路 13-4)

163쪽 樊遲從遊於舞雩之下러니 曰 敢問崇德修慝辨惑하노이다 子曰 善
哉라 問이여 先事後得이 非崇德與아 攻其惡이요 無攻人之惡이 非
修慝與아 一朝之忿으로 忘其身하여 以及其親이 非惑與아 (顔淵 12-
21)

167쪽 子曰 從我於陳蔡者 皆不及門也야 德行엔 顏淵, 閔子騫, 冉伯牛, 仲弓이요 言語엔 宰我, 子貢이요 政事엔 冉有, 季路요 文學엔 子游, 子夏니라 (先進 11-2)

168쪽 季氏使閔子騫으로 爲費宰한대 閔子騫曰 善爲我辭焉하라 如有復 我者면 則吾必在汶水矣로리라 (雍也 6-7)

170쪽 子曰 孝哉라 閔子騫이여 人不間於其父母昆弟之言이로다 (先進 11-4)

171쪽 子曰 雍也는 可使南面이로다 (雍也 6-1)

172쪽 子謂仲弓曰 犁牛之子 騂且角이면 雖欲勿用이나 山川이 其舍諸아 (雍也 6-4)

173쪽 伯牛有疾이어늘 子問之하실새 自牖執其手曰 亡之러니 命矣夫인저 斯人也 而有斯疾也할새 斯人也 而有斯疾也할새 (雍也 6-8)

175쪽 子游曰 子夏之門人小子 當灑掃應對進退則可矣어니와 抑末也라 本之則無하니 如之何오 子夏聞之하고 曰 噫라 言游過矣로다 君子 之道 孰先傳焉이며 孰後倦焉이리오 譬諸草木컨대 區以別矣니 君 子之道 焉可誣也리오 有始有卒者는 其惟聖人乎인저 (子張 19-12)

182쪽 葉公問孔子於子路어늘 子路不對한대 子曰 女奚不曰 其爲人也 發 憤忘食하고 樂以忘憂하여 不知老之將至云爾오 (述而 7-18)

183쪽 大宰問於子貢曰 夫子는 聖者與아 何其多能也오 子貢曰 固天縱之 將聖이시고 又多能也시니라 子聞之하시고 曰 大宰知我乎인저 吾 少也에 賤이라 故로 多能鄙事호니 君子는 多乎哉아 不多也니라 (子 罕 9-6)

186쪽 陳司敗問 昭公이 知禮乎잇가 孔子曰 知禮시니라 孔子退어시늘 揖 巫馬期而進之하여 曰 吾聞君子不黨이라하니 君子亦黨乎아 君取 於吳하니 爲同姓이라 謂之吳孟子라하니 君而知禮면 孰不知禮리오 巫馬期以告한대 子曰 丘也幸이로다 苟有過어든 人必知之온여 (述 而 7-30)

주석

1 子曰 溫故而知新이면 可以爲師矣니라 (爲政 2-11)
공자가 말하였다. "옛것을 익혀 새것을 알아 가면 스승이 될 만하다."

2 子曰 述而不作하며 信而好古를 竊比於我老彭하노라 (述而 7-1)
공자가 말하였다. "옛것을 전술하기만 하고 창작하지 않으며, 옛것을 믿고
좋아함이 내가 노팽에게 견준다."

3 사마천, 『사기열전 2』, 김원중 역, 민음사, 711

4 子路曰 君子尙勇乎잇가 子曰 君子는 義以爲上이니 君子 有勇而無
義면 爲亂이요 小人이 有勇而無義면 爲盜니라 (陽貨 17-23)
자로가 말하기를 "군자는 용맹을 숭상해야 하지 않습니까?" 하고
물으니, 공자가 이야기했다. "군자는 의로움을 으뜸으로 삼는다. 군자가
용감하기만 하고 의로움이 없으면 난을 일으키고, 소인이 용감하기만
하고 의로움이 없으면 도둑질을 한다."

5 子曰 詩三百을 一言以蔽之하니 曰 思無邪니라 (爲政 2-2)
공자가 말하였다. "시경 3백 편의 뜻을 한 마디 말로 표현할 수 있으니,
'생각에 간사함이 없다'는 말이다."

6 子曰 興於詩하며 立於禮하며 成於樂이니라 (泰伯 8-8)
공자가 말하였다. "시에서 정서를 일으키고, 예에서 사회적 관계를 이루며,
악에서 완성한다."

7 정공 14년(기원전 496), 공자는 56세의 나이에 고국인 노나라를 떠나
자신의 정치적 이상을 실현할 수 있는 군주와 나라를 찾아 위(衛), 송(宋),
제(齊), 초(楚), 채(蔡), 조(曹) 등 여러 나라를 약 13년 동안 돌아다니다 그를
써줄 군주를 찾지 못하고 68세의 나이에 다시 노나라로 돌아온다.

8 物有本末 事有終始 知所先後 則近道矣 -『大學』2章

물건에는 근본과 말단이 있고 일에는 끝과 시작이 있으니, 무엇을 먼저 하고 나중에 할 것인지를 알면 도에 가까울 것이다.

9 플라톤, 『파이돈』, 2013, 전헌상 역, 아카넷

10 에피쿠로스, 『쾌락』, 1998, 오유석 역, 문학과지성사

11 플라톤, 『소크라테스의 변명』, 2014, 강철웅 역, 아카넷

12 『장자, 지락(莊子, 至樂)』

13 子曰 不憤이어든 不啓하며 不悱어든 不發호되 擧一隅에 不以三隅 反이어든 則不復也니라 (述而 7-8)
공자가 말하였다. "마음과 힘을 다하여 떨쳐 일어나려 하지 않으면 열어주지 않으며, 알고자 애태워하지 않으면 말해주지 않되, 한 귀퉁이를 들어줌에 이것을 가지고 남은 세 귀퉁이를 스스로 들추려 하지 않으면 다시 더 일러주지 않는다."

14 플라톤, 『소크라테스의 변명』, 2014, 강철웅 역, 아카넷

15 子曰 甚矣라 吾衰也여 久矣라 吾不復夢見周公이로다 (述而 7-5)
공자가 말하였다. "내가 노쇠함이 심하구나. 꿈속에서 주공을 만나지 못한 지가 참으로 오래 되었구나."

16 子曰 周監於二代하니 郁郁乎文哉러라 吾從周호리라 (八佾 3-14)
공자가 말하였다. "주나라는 하나라와 은나라를 계승 발전하였으니, 찬란하다. 그 문화여! 나는 주나라를 따르겠다."

17 염유 편에서 이에 대해 좀 더 자세한 설명이 이어진다.

18 孔子謂季氏하사되 八佾로 舞於庭하니 是可忍也온 孰不可忍也리오 (八佾 3-1)
공자가 계씨를 일러 말하였다. "천자만이 거행할 수 있는 팔일무를 자기 집 마당에서 추니, 이런 일까지 할 수 있다면 무엇을 차마 하지 못하겠는가?"

19 陳成子弑簡公이어늘 孔子沐浴而朝하사 告於哀公曰 陳桓이 弑其 君하니 請討之하소서 公曰 告夫三子하라 孔子曰 以吾從大夫之

後라 不敢不告也호니 君曰 告夫三子者온여 之三子하여 告하신대 不
可라하여늘 孔子曰 以吾從大夫之後라 不敢不告也니라 (憲問 14-22)

진성자가 간공을 시해하자, 공자가 목욕재계한 후에 조정에 나가
애공에게 아뢰었다. "진항이 군주를 시해하였으니, 그를 토벌해야
합니다." 애공이 말하였다. "나에게 그런 실권이 없으니 실권을 가지고
있는 맹손씨, 계손씨, 숙손씨 저 세 가문에게 가서 말하라." 공자가
말하였다. "내가 대부의 직책을 가지게 되었으니 그 책임감으로
감히 아뢰지 않을 수 없었는데, 군주께서 저 세 가문에게 말하라고
하시는구나." 이후 세 가문에게 가서 말했는데 그들은 토벌을 할 수
없다고 하니, 공자가 말하였다. "말해봤자 세 가문은 반대할 것을
알았지만 책임감 때문에 감히 말하지 않을 수 없었다."

20 子曰 道之以政하고 齊之以刑이면 民免而無恥니라 道之以德하고 齊
之以禮면 有恥且格이니라 (爲政 2-3)

공자가 말하였다. "인도하기를 법칙으로써 하고 그것을 위반한 것을
다스리기를 형벌로써 하면 백성들이 형벌만 면하려 하고 부끄러워함이
없을 것이다. 인도하기를 덕으로써 하고 위반을 다스리기를 예로써 하면
백성들이 자신의 잘못을 부끄러워하며 스스로 그 잘못을 고치려 할
것이다."

21 齊景公이 問政於孔子한대 孔子對曰 君君, 臣臣, 父父, 子子니이다 公
曰 善哉라 信如君不君, 臣不臣, 父不父, 子不子면 雖有粟이나 吾得而
食諸아 (顏淵 12-11)

제경공이 공자에게 정치에 대해 묻자, 공자가 대답하였다. "군주는 군주
노릇하고 신하는 신하 노릇하며, 아버지는 아버지 노릇하고 자식은 자식
노릇하는 것입니다." 공이 말하였다. "좋은 말씀입니다. 신실로 만일
군주가 군주 노릇을 못하고 신하가 신하 노릇을 못하며, 아버지가 아버지
노릇을 못하고 자식이 자식 노릇을 못한다면, 비록 곡식이 있은들 내가
그것을 먹을 수 있겠습니까?"

22 子貢曰 貧而無諂하며 富而無驕 何也하니잇고 子曰 可也나 未若
    貧而樂하며 富而好禮者也니라 子貢曰 詩云 如切如磋하며 如琢如
    磨라하니 其斯之謂與인저 子曰 賜也는 始可與言詩已矣로다 告諸往
    而知來者온여 (學而 1-15)
    자공이 묻기를 "가난하면서 아첨하지 않고 부자이면서 교만하지 않으면
    어떻습니까?"라고 묻자, 공자가 대답하였다. "괜찮으나, 가난하면서
    즐거워하며 부자이면서 예를 좋아하는 것만은 못하다." 자공이 말하였다.
    "시경에 '절단해 놓고 다시 그것을 간 듯하며, 쪼아놓고 다시 그것을 간
    듯하다' 하였으니, 이것을 말함일 것입니다." 공자가 말하였다. "사는
    비로소 더불어 시를 이야기할 만하구나. 지나간 것을 말해주자 올 것을
    아는구나."

23 子曰 參乎아 吾道는 一以貫之니라 曾子曰 唯라 子出커시늘 門人이
    問曰 何謂也잇고 曾子曰 夫子之道는 忠恕而已矣시니라 (里仁 4-15)
    공자가 말하였다. "삼아, 나의 도는 일이관지에 있다." 증자가 "예,
    알겠습니다." 하고 대답하였다. 공자가 밖으로 나가자, 다른 제자들이
    증자에게 물어보았다. "일이관지라니 그게 무슨 뜻입니까?" 증자가
    대답하였다. "선생님의 도는 충과 서일 뿐이다."

24 子夏問曰 巧笑倩兮며 美目盼兮여 素以爲絢兮라하니 何謂也잇고 子
    曰 繪事後素니라 曰 禮後乎인저 子曰 起予者는 商也로다 始可與言詩
    已矣로다 (八佾 3-8)
    자하가 물었다. "시(詩)에 '예쁜 웃음에 보조개가 예쁘며 아름다운 눈에
    눈동자가 선명함이여! 흰 비단으로 채색을 한다' 하였는데 이는 무슨
    뜻입니까?" 공자가 말하였다. "그림 그리는 일은 먼저 바탕이 되는 흰
    비단을 마련한 후에 한다는 뜻이다." 자하가 "그럼 사람이 됨됨이는
    예(禮)가 바탕이 된 후에 이룰 수 있는 것이군요." 하고 말하자, 공자가
    말하였다. "나를 일으키는 자가 상(자하)이로구나, 이제 비로소 함께 시를
    말할 만하다."

25 子曰 不憤이어든 不啓하며 不悱어든 不發호되 擧一隅에 不以三隅
反이어든 則不復也니라 (述而 7-8)

공자가 말하였다. "마음과 힘을 다하여 떨쳐 일어나려 하지 않으면
열어주지 않으며, 알고자 애태워하지 않으면 말해주지 않되, 한 귀퉁이를
들어줌에 이것을 가지고 남은 세 귀퉁이를 스스로 들추려 하지 않으면
다시 더 일러주지 않는다."

26 사마천, 『사기열전 1』, 김원중 역, 민음사, 155~156

27 有朋이 自遠方來면 不亦樂乎아 (學而 1-1)

벗이 있어 멀리서부터 찾아온다면 즐겁지 아니한가.

28 子曰 從我於陳蔡者 皆不及門也야 德行엔 顔淵, 閔子騫, 冉伯牛, 仲
弓이요 言語엔 宰我, 子貢이요 政事엔 冉有, 季路요 文學엔 子游, 子
夏니라 (先進 11-2)

공자가 말하였다. "진나라와 채나라에서 나를 따르며 고난을 함께 한
제자들이 지금은 모두 문하에 있지 않구나. 이들은 모두 각 분야에서
뛰어남을 보였으니, 덕행에는 안연, 민자건, 염백우, 중궁이 있고,
언어에는 재아와 자공이 있고, 정치와 군사에는 염유와 자로가 있고,
문학에는 자유와 자하가 있다."

29 仲弓이 問仁한대 子曰 出門如見大賓하며 使民如承大祭하고 己所
不欲을 勿施於人이니 在邦無怨하며 在家無怨이니라 仲弓曰 雍雖不
敏이나 請事斯語矣로리이다 (淵 12-2)

중궁이 인에 대해서 묻자 공자가 말하였다. "문을 나가서 누군가를
만나면 큰 손님을 만난 것처럼 대하며 백성들을 부릴 때는 큰 제사를
받들듯이 하며 자신이 바라지 않는 것을 남에게 베풀지 말 것이니, 이리
실천한다면 나라에서도 원망이 없고 집안에서도 원망이 없을 것이다."
이를 듣고 중궁이 말하였다. "제가 비록 명민하지 못하지만 이 말을
섬기면서 살도록 하겠습니다."

30 子貢이 問曰 有一言而可以終身行之者乎잇가 子曰 其恕乎인저 己所

不欲을 勿施於人이니라 (衛靈公 15-23)

자공이 물었다. "평생 동안 간직하며 실천할 만한 한 가지 말씀이 있겠습니까?" 공자가 말하였다. "그것은 恕일 것이다. 자신이 바라지 않는 것을 남에게 베풀지 말라는 것이다."

31 子貢問 師與商也孰賢이니잇고 子曰 師也는 過하고 商也는 不及이니라 曰 然則師愈與잇가 子曰 過猶不及이니라 (先進 11-15)

자공이 "사(자장)와 상(자하)중에서 누가 더 낫습니까?"라고 묻자, 공자가 대답했다. "사는 과하고 상은 미치지 못한다." 자공이 다시 물었다. "그럼 사가 더 낫겠군요?" 공자가 말했다. "지나침은 미치지 못함과 같다."

32 子曰 君子는 不器니라 (爲政 2-12)

군자는 그릇이 아니다.

33 爲人君止於仁, 爲人臣止於敬, 爲人子止於孝, 爲人父止於慈, 與國人交止於信　　　-『大學』7章

군주로서는 인에 머물고, 신하로서는 공경에 머물고, 자식으로서는 효에 머물고, 아비로서는 자애에 머물고, 사람과 사귐에 있어서는 신뢰에 머문다.

34 子曰 不憤이어든 不啓하며 不悱어든 不發호되 擧一隅에 不以三隅反이어든 則不復也니라 (述而 7-8)

공자가 말하였다. "마음과 힘을 다하여 떨쳐 일어나려 하지 않으면 열어주지 않으며, 알고자 애태워하지 않으면 말해주지 않되, 한 귀퉁이를 들어줌에 이것을 가지고 남은 세 귀퉁이를 스스로 들추려 하지 않으면 다시 더 일러주지 않는다."

35 염유(冉有)를 염자(冉子)로 쓴 편이 두 편이 있는데 이는 존칭의 의미가 아니라 지칭하는 의미로 쓰였다.

36 子曰 富而可求也인댄 雖執鞭之士라도 吾亦爲之어니와 如不可求인댄 從吾所好호리라 (述而 7-11)

공자가 말하였다. "만일 부가 구한다고 해서 얻을 수 있는 것이라면 비록

남의 수레를 모는 일이라도 내가 못할 리가 없다. 하지만 구한다고 얻을
수 없다면 나는 내가 좋아하는 일을 하며 살겠다."

37 子曰 學而時習之면 不亦說乎아 有朋이 自遠方來면 不亦樂乎아
人不知而不慍이면 不亦君子乎아 (學而 1-1)
공자가 말하였다. "배우고 때때로 익히면 기쁘지 아니한가, 벗이 있어
먼 곳에서부터 찾아온다면 즐겁지 아니한가, 다른 사람이 나를 알아주지
않더라도 성내지 않는다면 군자가 아니겠는가."

38 定公이 問 君使臣하며 臣事君호되 如之何잇고 孔子對曰 君使臣以
禮하며 臣事君以忠이니이다 (八佾 3-19)
정공이 묻기를 "임금이 신하를 부리거나 신하가 임금을 섬길 때 어떻게
해야 합니까?"라고 물으니 공자가 대답하였다. "임금은 예로써 신하를
부리고 신하는 마음을 다하여 임금을 섬겨야 합니다."

39 子曰 知之者 不如好之者요 好之者 不如樂之者니라 (雍也 6-18)
공자가말하였다. "아는 것은 좋아하는 것만 못하고, 좋아하는 것은
즐기는 것만 못하다."

40 사마천, 『사기열전 1』, 김원중 역, 민음사, 155~156

41 子曰 不憤不啓 不悱不發 擧一隅不以三隅反 則不復也 (述而 7-8)
공자가 말하였다. "마음과 힘을 다하여 떨쳐 일어나려 하지 않으면
열어주지 않으며, 알고자 애태워하지 않으면 말해주지 않되, 한 귀퉁이를
들어줌에 이것을 가지고 남은 세 귀퉁이를 스스로 들추려 하지 않으면
다시 더 일러주지 않는다."

42 孟武伯이 問 子路仁乎잇가 子曰 不知也로라 又問한대 子曰 由
也는 千乘之國에 可使治其賦也어니와 不知其仁也로라 求也는
何如하니잇고 子曰 求也는 千室之邑과 百乘之家에 可使爲之宰
也어니와 不知其仁也로라 赤也는 何如하니잇고 子曰 赤也는 束帶立
於朝하여 可使與賓客言也어니와 不知其仁也로라 (公冶長 5-7)
맹무백이 "자로는 인합니까?"하고 묻자, 공자가 "알지 못하겠다." 하고

대답하였다. 다시 묻자, 공자가 대답하였다. "유(자로)는 제후국에서
국방의 역할을 맡길 만하지만 그가 인한지는 알지 못하겠다." "구(염유)는
어떻습니까?"하고 묻자, 공자가 말하였다. "구는 큰 고을을 다스리거나
대부 집안의 가신이 될 만하지만 그가 인한지는 알지 못하겠다."
"적(공서화)은 어떻습니까?"하고 묻자 "예복을 입고 조정에 나아가
외국의 여러 빈객을 맞이하는 일을 맡길 만하지만 그가 인한지는 알지
못하겠다."하고 말하였다.

43 하루나 한 달에 한번 인에 이른다고 해석한 '日月至'는 하루나 한 달
동안 인에 이른다고 해석할 수도 있다.

44 子曰 仁遠乎哉아 我欲仁이면 斯仁이 至矣니라 (述而 7-29)
공자가 말하였다. "인이 멀리 있는가? 내가 인을 바란다면 인이 당장
이를 것이다."

45 子曰 富與貴 是人之所欲也나 不以其道로 得之어든 不處也하며 貧
與賤이 是人之所惡也나 不以其道로 得之라도 不去也니라 君子去
仁이면 惡乎成名이리오 君子無終食之間을 違仁이니 造次에 必於
是하며 顚沛에 必於是니라 (里仁 4-5)
공자가 말하였다. "부귀는 사람들이 모두 바라는 것이지만 올바른
방법으로서 얻은 것이 아니면 취하지 않고 빈천은 사람들이 모두
싫어하는 것이지만 올바른 방법으로 벗어나는 것이 아니면 취하지
않는다. 군자가 인(仁)을 버린다면 어떻게 군자일 수가 있겠는가? 군자는
밥을 먹는 동안이라도 인(仁)에서 벗어나지 않으니 아주 잠시라도 인을
벗어나지 않고 위급한 상황이라도 인을 벗어나지 않는다."

46 子曰 飯疏食飮水하고 曲肱而枕之라도 樂亦在其中矣니 不義而富且
貴는 於我에 與浮雲이니라 (述而 7-15)
공자가 말하였다. "거친 밥에 물을 마시며 팔베개를 하고 잠을 자더라도
즐거움이 그 안에 있으니, 의롭지 못하고서 부귀한 것은 나에게 뜬
구름과 같다."

47 子曰 篤信好學하며 守死善道니라 危邦不入하고 亂邦不居하며 天下
有道則見하고 無道則隱이니라 邦有道에 貧且賤焉이 恥也며 邦無
道에 富且貴焉이 恥也니라 (泰伯 8-13)
공자가 말하였다. "독실하게 믿으며 배우기를 좋아하고, 죽음으로써
지키며 도를 잘해야 한다. 위태로운 나라에는 들어가지 않고 어지러운
나라에서는 살지 않으며, 천하에 도가 있으면 세상에 나아가고 도가
없으면 물러난다. 나라에 도가 있을 때에 가난하고 천한 것은 부끄러운
일이며 나라에 도가 없을 때에 부하고 귀한 것은 부끄러운 일이다."

48 子曰 關雎는 樂而不淫하고 哀而不傷이니라 (八佾 3-20)
공자가 말하였다. "관저는 즐거우면서 음난하지 않고 슬프면서 몸을
상하지 않는다."

49 子曰 我非生而知之者라 好古敏以求之者也로라 (述而 7-19)
공자가 말하였다. "나는 태어나면서부터 아는 자가 아니라 옛 것을
좋아하여 그것을 구하기 위해서 노력할 뿐이다."

50 喜怒哀樂之未發 謂之中 發而皆中節 謂之和 -『中庸』1章

51 林放이 問禮之本한대 子曰 大哉라 問이여 禮는 與其奢也론 寧儉이요
喪은 與其易也론 寧戚이니라 (八佾 3-4)
임방이 예의 근본에 대해서 물었더니, 공자가 말하였다. "훌륭한
질문이다. 예는 사치하기보다는 차라리 검소해야 하고 상례는
형식적으로 잘 치르기보다는 슬픔을 표현할 수 있어야 한다."

52 子使漆彫開로 仕하신대 對曰 吾斯之未能信이로소이다 子說하시다
(公冶長 5-5)
공자가 칠조개에게 벼슬을 하도록 권하자, 그가 대답하기를 "저는 아직
그 일을 맡을 수 있는지 자신이 없습니다." 하자, 그 말을 듣고 공자가
기뻐하였다.

53 子曰 三年學에 不至於穀을 不易得也니라 (泰伯 8-12)
공자가 말하였다. "삼 년을 배우고서 벼슬을 얻는데 뜻을 두지 않는 자를

제자로 얻기가 쉽지 않다."

54 子曰 雍也는 可使南面이로다 (雍也 6-1)

공자가 말하였다. "옹(仲弓)은 임금의 자리에 앉을 만하구나."

55 子曰 非吾徒也로소니 小子아 鳴鼓而攻之 可也니라 (先進 11-16)

공자가 말하였다. "구(염유)는 이제 우리와 뜻을 함께 하지 않으니
제자들아 북을 울려 그의 죄를 성토해도 좋다."

56 子曰 若聖與仁은 則吾豈敢이리오 抑爲之不厭하며 誨人不倦은 則可
謂云爾已矣니라 公西華曰 正唯弟子不能學也로소이다 (述而 7-33)

공자가 말하였다. "내 어찌 감히 스스로가 성인이고 인하다 자처할 수
있겠는가. 다만 그렇게 되기 위한 노력을 계속하고 남을 가르치기를
게을리하지 않을 따름이다." 이를 들은 공서화가 말하였다. "바로 그 점이
저희 제자들이 따라 할 수 없는 것입니다."

57 子曰 十室之邑에 必有忠信如丘者焉이어니와 不如丘之好學也니라
(公冶長 5-27)

공자가 말하였다. "10여 가구가 사는 작은 마을이라도 나보다 더 마음을
다하고(忠) 믿음이 있는(信) 자가 있겠지만 나만큼 배움을 좋아하지는
못할 것이다."

58 季康子가 問 弟子孰爲好學이니잇고 孔子對曰 有顔回者好學하더니
不幸短命死矣라 今也則亡하니라 (先進 11-6)

계강자가 "제자 중에 누가 배움을 좋아합니까?" 하고 묻자, 공자가
대답하였다. "안연이라는 자가 배움을 좋아하였는데, 불행히도 명이 짧아
일찍 죽었다. 지금은 없다."

59 子路曰 君子尙勇乎잇가 子曰 君子는 義以爲上이니 君子 有勇而無
義면 爲難이요 小人이 有勇而無義면 爲盜니라 (陽貨 17-23)

자로가 말하기를 "군자는 용맹을 숭상해야 하지 않습니까?" 하고 물으니,
공자가 말했다. "군자는 의로움을 으뜸으로 삼는다. 군자가 용감하기만
하고 의로움이 없으면 난을 일으키고, 소인이 용감하기만 하고 의로움이

없으면 도둑질을 한다.

60 子曰 臧武仲이 以防으로 求爲後於魯하니 雖曰不要君이나 吾不信
也하노라 (憲問 14-15)

공자가 말하였다. "장무중이 노나라 임금에게 방읍(防邑)의 후계자를
세워줄 것을 요구하였다. 비록 그는 임금에게 강요하는 것이 아니라
했지만 나는 그의 말을 믿지 않는다."

61 子曰 孟公綽이 爲趙魏老則優어니와 不可以爲滕薛大夫니라 (憲問 14-
12)

공자가 말하였다. "맹공작이 조(趙)씨와 위(魏)씨의 가노(家老)가
되기에는 충분하겠지만 등나라나 위나라의 대부가 될 수는 없다."

62 子曰 從我於陳蔡者 皆不及門也야 德行엔 顏淵, 閔子騫, 冉伯牛, 仲
弓이요 言語엔 宰我, 子貢이요 政事엔 冉有, 季路요 文學엔 子游, 子
夏니라 (11-2)

공자가 말하였다. "진나라와 채나라에서 나를 따르며 고난을 함께 한
제자들이 지금은 모두 문하에 있지 않구나. 이들은 모두 각 분야에서
뛰어남을 보였으니, 덕행에는 안연, 민자건, 염백우, 중궁이 있고,
언어에는 재아와 자공이 있고, 정치와 군사에는 염유와 자로가 있고,
문학에는 자유와 자하가 있다."

63 子路는 有聞이요 未之能行하여선 唯恐有聞하더라 (公冶長 5-13)
자로는 좋은 말을 듣고 아직 그것을 실행하지 못했으면 행여 다른 말을
들을까 두려워하였다.

64 孔子謂季氏하사되 八佾로 舞於庭하니 是可忍也온 孰不可忍也리오
(八佾 3-1)

공자가 계씨를 일러 말하였다. "천자만이 거행할 수 있는 팔일무를
자기 집 마당에서 추니, 이런 일까지 할 수 있다면 무엇을 차마 하지
못하겠는가?"

65 子曰…所謂大臣者는 以道事君하다가 不可則止하나니…. (先進 11-23)

공자가 말하였다. "…이른바 대신이란 도로써 군주를 섬기다가 그 섬김을 더 이상 못한다면 그만두는 것이다…."

66 林放이 問禮之本한대 子曰 大哉라 問이여 禮는 與其奢也론 寧儉이요 喪은 與其易也론 寧戚이니라 (八佾 3-4)

임방이 예의 근본에 대해서 물었더니, 공자가 말하였다. "훌륭한 질문이다. 예는 사치하기보다는 차라리 검소해야 하고 상례는 형식적으로 잘 치르기보다는 슬픔을 표현할 수 있어야 한다."

67 노나라의 15대 임금인 환공(桓公)이 죽은 후 후계 다툼을 벌이던 세 형제들이 맹손(孟孫), 숙손(淑孫), 계손(季孫)이라는 가문을 이루어 이후 노나라의 주요 권력을 나누어 장악하게 되는데 이들을 환공의 세 후손이라는 의미로 삼환(三桓)이라 부른다.

68 子曰 君子는 喩於義하고 小은 人喩於利니라 (里仁 4-16)

공자가 말하였다. "군자는 의로움을 통해 깨우치고 소인은 이로움을 통해 깨우친다."

69 民之所好好之 民之所惡惡之 此之謂民之父母 -『大學』14章

군자는 백성들이 좋아하는 바를 좋아하고 백성들이 싫어하는 것을 싫어한다. 이를 일러 백성들의 부모라 한다.

70 子曰 從我於陳蔡者 皆不及門也야 德行엔 顔淵, 閔子騫, 冉伯牛, 仲弓이요 言語엔 宰我, 子貢이요 政事엔 冉有, 季路요 文學엔 子游, 子夏니라 (先進 11-2)

공자가 말하였다. "진나라와 채나라에서 나를 따르며 고난을 함께 한 제자들이 지금은 모두 문하에 있지 않구나. 이들은 모두 각 분야에서 뛰어남을 보였으니, 덕행에는 안연, 민자건, 염백우, 중궁이 있고, 언어에는 재아와 자공이 있고, 정치와 군사에는 염유와 자로가 있고, 문학에는 자유와 자하가 있다."

71 子曰 由也아 女聞六言六蔽矣乎아 對曰 未也로이다 居하라 吾語

女호리라 好仁不好學이면 其蔽也愚하고 好知不好學이면 其蔽也
蕩하고 好信不好學이면 其蔽也賊하고 好直不好學이면 其蔽也絞하고
好勇不好學이면 其蔽也亂하고 好剛不好學이면 其蔽也狂이니라 (陽貨
17-8)

공자가 자로를 불러서 말하였다. "유(자로)야, 너는 여섯 가지 훌륭한
성품과 그것의 폐단에 대해서 들어봤느냐?" 자로가 대답하였다. "아니요,
못 들어봤습니다." 이에 공자가 말하였다. "거기 앉아라, 내가 너한테
이야기해주마. 공감하는 마음(仁)을 가지려고 하지만 배움을 좋아하지
않으면 그 폐단은 어리석게 되는 것(愚)이다. 지식을 좋아하지만(知)
배움을 좋아하지 않으면 그 폐단은 방탕해지는 것(蕩)이다. 믿음(信)을
좋아하지만 배움을 좋아하지 않으면 그 폐단은 나와 남을 해치는
것(賊)이다. 정직(直)하고자 노력하지만 배움을 좋아하지 않으면 그
폐단은 융통성이 없는 것(絞)이다. 용감(勇)해지려 하나 배움을 좋아하지
않으면 그 폐단은 세상을 혼란에 빠뜨리는 것(亂)이다. 강(剛)해지려고
하나 배움을 좋아하지 않으면 그 폐단은 경거망동하게 되는 것(狂)이다."

72 子貢이 欲去告朔之餼羊한대 子曰 賜也야 爾愛其羊가 我愛其
禮하노라 (八佾 3-17)

자공이 초하룻날 곡유(告由)하면서 바치는 희생양(犧牲羊)을 없애려고
하자 공자가 말하였다. "사(자공)야, 너는 그 양을 아끼느냐? 나는 그 예를
아낀다."

73 子曰 參乎아 吾道는 一以貫之니라 曾子曰 唯라 子出커시늘 門人이
問曰 何謂也잇고 曾子曰 夫子之道는 忠恕而已矣시니라 (里仁 4-15)

공자가 말하였다. "삼아, 나의 도는 일이관지에 있다." 증자가 "예,
알겠습니다."하고 대답하였다. 공자가 밖으로 나가자, 다른 제자들이
증자에게 물어보았다. "일이관지라니 그게 무슨 뜻입니까?" 증자가
대답하였다. "선생님의 도는 충과 서일 뿐이다."

74 孟武伯이 問孝한대 子曰 父母는 唯其疾之憂시니라 (爲政 2-6)

맹무백이 효에 대해 묻자 공자가 대답하였다. "부모는 오직 자식이 병이

들까 만을 근심한다."

75 子游問孝한대 子曰 今之孝者는 是謂能養이니 至於犬馬하여도 皆能

有養이니 不敬이면 何以別乎리오 (爲政 2-7)

자유가 효에 대해 묻자 공자가 대답하였다. "요즘의 효는 봉양을 얼마나

잘하느냐를 두고 말한다. 개와 말같은 가축도 봉양을 하는데 공경하지

않는다면 무엇이 다르겠느냐."

76 子夏問孝한대 子曰 色難이니 有事어든 弟子服其勞하고 有酒食어든

先生饌이 曾是以爲孝乎아 (爲政 2-8)

자하가 효에 대해 묻자 공자가 대답하였다. "얼굴빛을 온화하게 하는

것이 어려우니 부형의 일을 대신 맡아 수고롭지 않게 하고 술과 음식이

있어서 먼저 바치는 것만을 효라고 할 수 있겠느냐."

77 哀公이 問曰 何爲則民服이니잇고 孔子對曰 擧直錯諸枉則民服하고

擧枉錯諸直則民不服이니이다 (爲政 2-19)

애공이 "어떻게 하면 백성들이 복종하게 할 수 있겠습니까?"하고 묻자,

공자가 대답하였다. "곧은 것을 들어 굽은 것 위에 놓으면 백성들이

복종할 것이고 굽은 것을 들어 곧은 것 위에 놓으면 백성들이 복종하지

않을 것입니다."

78 子曰 君子는 喩於義하고 小은 人喩於利니라 (里仁 4-16)

공자가 말하였다. "군자는 의로움을 통해 깨우치고 소인은 이로움을 통해

깨우친다."

79 子曰 莫我知也夫인저 子貢曰 何爲其莫知子也잇고 子曰 不怨天하며

不尤人이요 下學而上達하노니 知我者는 其天乎인저 (憲問 14-37)

공자가 말하였다. "나를 알아주는 이가 없구나." 이를 듣고 자공이

말하였다. "어째서 선생님을 알아주는 이가 없다고 하십니까?" 공자가

말하였다. "나는 하늘을 원망하지 않고 다른 사람을 탓하지 않으며,
보이는 것으로부터 배워 보이지 않는 것을 터득하는 사람이다. 이런 나를
알아주는 이는 오직 하늘뿐이다."

80 子曰 無爲而治者는 其舜也與신저 夫何爲哉시리오 恭己正南面而已
    矣시니라 (衛靈公 15-4)
    공자가 말하였다. "무위로 다스린 자는 순임금이다. 무엇을 하였는가?
    몸을 공손히 하고 바르게 남면하였을 뿐이다."

81 宰我問曰 仁者 雖告之曰 井有仁焉이라도 其從之也로소이다 子曰 何
    謂其然也리오 君子는 可逝也언정 不可陷也며 可欺也언정 不可罔
    也니라 (雍也 6-24)
    재아가 물었다. "인(仁)한 사람은 우물에 인(仁)이 있다는 말을 듣는다면
    인을 추구하기 위해 우물에라도 따라 들어가겠습니다." 공자가 말하였다.
    "어찌 그렇게 하겠느냐. 군자는 우물까지 가게 할 수는 있으나 빠지게 할
    수는 없으며, 순간적으로 속일 수는 있어도 계속 속일 수는 없다."

82 子曰 溫故而知新이면 可以爲師矣니라 (爲政 2-11)
    공자가 말하였다. "옛것을 익혀 새 것을 알아 가면 스승이 될 만하다."

83 오랫동안 자사가 『중용』의 저자라고 알려져 왔고 주희도 '중용집주'에서
    자사가 저자라고 정리했지만 최근의 고증에 의하면 전국 시대 말기에
    쓰인 것으로 추정된다.

84 子禽이 問於子貢曰 夫子至於是邦也하사 必聞其政하시나니 求之
    與아 抑與之與아 子貢曰 夫子는 溫良恭儉讓以得之시니 夫子之求之
    也는 其諸異乎人之求之與인저 (學而 1-10)
    사금(진강)이 자공에게 물었다. "선생님(공자)께서 이 나라에 오셔서
    반드시 그 정사를 듣는데, 구해서 듣는 겁니까 아니면 가만히 있는데
    와서 알려주는 겁니까?" 자공이 대답하였다. "선생님은 온순하고 어질고
    공손하고 검소하고 겸양하기 때문에 그것을 얻는 것이다. 선생님께서

그것을 구하는 것은 다른 사람이 구하는 것과는 다르다."

85 陳子禽이 謂子貢曰 子爲恭也언정 仲尼豈賢於子乎리오 子貢曰 君
子一言에 以爲知하며 一言에 以爲不知니 言不可不愼也니라 夫子
之不可及也는 猶天之不可階而升也니라 夫子之得邦家者인댄 所
謂立之斯立하며 道之斯行하며 綏之斯來하며 動之斯和하여 其生也
榮하고 其死也哀니 如之何其可及也리오 (子張 19-25)

진자금(진강)이 자공에게 말하였다. "당신께서 스승을 공경하신다지만
어찌 중니(공자)가 당신보다 낫다고 할 수 있겠습니까?" 자공이 말하였다.
"군자는 말 한마디에 지혜롭다 할 수 있고 또 말 한마디에 지혜롭지
않다 할 수 있으니 말하는 데 신중해야 할 것이다. 선생님(공자)에
미치지 못함은 마치 사다리로 하늘을 오를 수 없는 것과 마찬가지이다.
선생님께서 나라를 다스린다면 이른바 '세우면 서고 인도하면 따르고
편안히 해주면 오고 감동시키면 화합하여, 살아 있는 동안 영예롭고
돌아가시면 슬퍼한다'는 것이니 어찌 미칠 수 있겠는가.'

86 子謂顔淵曰 用之則行하고 舍之則藏을 惟我與爾有是夫인저 子路曰
子行三軍이면 則誰與시리잇고 子曰 暴虎馮河하여 死而無悔者를 吾
不與也니 必也臨事而懼하여 好謀而成者也니라 (述而 7-10)

공자가 안연에게 이야기했다. "쓰임이 있으면 나아가서 배운 바를
실천하고, 쓰임이 다하면 머물러 배움을 계속해 나갈 수 있는 자는 나와
안연 너뿐이구나." 이 말을 듣고 자로가 말하였다. "선생님께서 삼군을
통솔하시게 되면 누구와 함께 하시겠습니까?" 공자가 대답하였다.
"맨손으로 호랑이를 잡으려 하고 맨몸으로 강을 건너며 그러다 죽어도
후회하지 않는 자와는 함께 하지 않을 것이다. 반드시 맡은 임무를
두려워하며 신중하게 계획을 세워서 일을 성사시키는 자와 함께 할
것이다.

87 子曰 篤信好學하며 守死善道니라 危邦不入하고 亂邦不居하며 天下

有道則見하고 無道則隱이니라 邦有道에 貧且賤焉이 恥也며 邦無
道에 富且貴焉이 恥也니라 (泰伯 8-13)

공자가 말하였다. "독실하게 믿으며 배우기를 좋아하고, 죽음으로써
지키며 도를 잘해야 한다. 위태로운 나라에는 들어가지 않고 어지러운
나라에서는 살지 않으며, 천하에 도가 있으면 세상에 나아가고 도가
없으면 물러난다. 나라에 도가 있을 때에 가난하고 천한 것은 부끄러운
일이며 나라에 도가 없을 때에 부하고 귀한 것은 부끄러운 일이다."

88   子曰 予欲無言하노라 子貢曰 子如不言이시면 則小子何述焉이리잇고
子曰 天何言哉시리오 四時行焉하며 百物生焉하나니 天何言哉시리오
(陽貨 17-19)

공자가 말하였다. "이제 나는 앞으로 말을 하지 않을 것이다." 그 말을
듣고 자공이 말하였다. "선생님께서 말씀을 하지 않으신다면 저희들이
어떻게 선생님의 가르침을 전할 수 있겠습니까?" 공자가 말하였다.
"하늘이 무슨 말을 하더냐. 사시가 운행하고 온갖 만물이 태어나 자랄 뿐,
하늘이 무슨 말을 하더냐."

논어, 생생하게 읽기
공자와 그 제자들이 만드는 드라마

초판 1쇄 발행 2021년 3월 19일

지은이 ── 이응구
펴낸이 ── 박유상
펴낸곳 ── ㈜빈빈책방
편 집 ── 배혜진
디자인 ── 박주란, 기민주

등 록 ── 제406-251002017000115호
주 소 ── 경기 파주시 회동길 325-12, 3층
전 화 ── 031-955-9773
팩 스 ── 031-955-9774
이메일 ── binbinbooks@daum.net
페이스북 ── /binbinbooks
네이버 블로그 ── /binbinbooks
인스타그램 ── @binbinbooks

ISBN 979-11-90105-16-3